NADJA BRUHN

kekskunst

ZUM SELBERMACHEN

NADJA BRUHN

kekskunst
ZUM SELBERMACHEN

FOTOS VON MIRJAM FRUSCELLA

KOSMOS

kekskunst

meine leidenschaft
für feines gebäck

MEINE BEGEISTERUNG FÜR GEBACKENES BEGLEITET MICH SCHON,
SEIT ICH DENKEN KANN. DOCH BIS ICH ENDLICH BEI DER KEKSKUNST
ANGEKOMMEN WAR, MUSSTE ICH EINIGE UMWEGE GEHEN.

SÜSSE KINDHEIT

Die Ortenau ist nicht Paris mit seinen fantasievollen
Petits Fours, auch nicht Brüssel mit hochfeinen Scho-
koladen oder gar New York mit den kunstvollen
Cupcakes. Doch genau hier im Badischen konnte
ich schon als Mädchen meine Träume aus Mehl,
Eiern, Zucker und all den anderen feinen Zutaten
wahr werden lassen – meist in geduldiger Kleinarbeit
hübsch verziert. Beeinflusst wurde ich dabei von den
köstlichen Backkreationen meiner Mutter, die durch
die Nähe unserer Heimat zum Schwarzwald, zur
Schweiz und zu Straßburg inspiriert wurde: Es gab
Gugelhupf und Tartes, Springerle zu Weihnachten –
die kunstvollen Modeln zierten unsere Küche – und
eine fantastische Schwarzwälder Kirschtorte, die
dank des selbst gebrannten Kirschwassers meines
Vaters reichlich mit Schnaps durchtränkt war. In
unserer Küche wurde ständig gemeinsam gebacken,
dekoriert und natürlich auch vom Teig genascht.
Es stand immer eine Schüssel Hefeteig auf dem war-
men Kachelofen, aus dem meine Mutter herrliche
Zimtschnecken mit Walnussfüllung zauberte.

Der verführerische Duft der frisch gebackenen Köst-
lichkeiten ist der Duft meiner unbeschwerten Kinder-
tage. Trotzdem kann ich mich nicht daran erinnern,
dass ich damals schon das Backen zum Beruf machen
wollte. Es hat mir einfach nur Spaß gemacht, mit
meinen Händen etwas Kreatives zu tun.

MEIN WEG ZUR KEKSKUNST

Bäckerin wollte ich also erst einmal nicht werden.
Nach meiner Schulzeit zog es mich für einige Jahre
nach Paris und Brüssel, dort lernte ich Sprachen und
absolvierte eine kaufmännische Ausbildung. Doch
auch dorthin begleitete mich meine Leidenschaft für
Gebackenes. Ich habe heute noch einige Backbücher,
die ich aus Paris mitgebracht habe. Und auch dort
waren es schon die kleinen gebackenen Kunstwerke,
die es mir besonders angetan hatten: zarte Petits
Fours, herrliches Pain au Chocolat und kleine liebevolle Kuchenkreationen, die in niedlichen Kartons
aus den Patisserien nach Hause getragen wurden.

Meine anschließende Arbeit bei der EU in Brüssel erschien mir schnell sehr nüchtern und mir fehlte es sehr, etwas Kreatives und Gestalterisches zu tun. Doch auch Brüssel hatte meiner Leidenschaft einiges zu bieten: Es gab dort viele kleine Konditoreien, bei denen man sich sein Frühstückscroissant ganz frisch aus der Backstube holen konnte. Ein traumhafter kleiner Laden gleich um die Ecke am Grand Place zog mich magisch an. Er hatte sich auf Spekulatiusgebäck spezialisiert und das Interieur sah aus, als sei die Zeit dort stehen geblieben. Aber auch die belgischen Chocolatiers faszinierten mich mit ihren Kreationen.

Um endlich meine Leidenschaft für Kreativität und Design ausleben zu können, entschloss ich mich, praktisch über Nacht, nach Hamburg zu gehen und dort Mode zu studieren. Es folgten spannende und erfolgreiche Jahre bei internationalen Modelabels in Deutschland und Italien. Hamburg habe ich aber nicht nur die großartige Erfahrung in der Modewelt zu verdanken, in Hamburg wurden zu der Zeit auch meine wundervollen Söhne Henk und Henri geboren, nach denen ich meine Firma benannt habe.

HENK & HENRI

Doch Mode schön und gut, was mir nun noch zu meinem Glück fehlte, war das Backen. Natürlich habe ich all die Jahre immer gebacken und Familie und Freunde mit Torten und Keksen verwöhnt. Aber ich wollte mehr. So begann ich bei verschiedenen renommierten Konditoreien in Hamburg Praktika zu absolvieren. Ich wollte es wissen: Kann ich meine Liebe zum Backen wirklich zum Beruf machen? Als ich dann am ersten Praktikumstag morgens in der Backstube stand, war mir klar: Ja, das ist es! Ich schloss die Handwerksprüfung für Torten und Feingebäck ab

und wagte den Sprung ins kalte Wasser. Ich machte mich als erste deutsche Keksdesignerin selbstständig und konnte so endlich meine beiden Leidenschaften – Backen und Design – perfekt miteinander verbinden. Natürlich war das nicht immer einfach, es kostete viel Zeit, Geduld und Durchhaltevermögen. Doch das hat sich gelohnt: Inzwischen kann ich stolz auf die ersten erfolgreichen Jahre mit meiner Firma „Henk und Henri" (www.henkundhenri.de) zurückblicken. Wir sind nicht nur die erste deutsche Keksmanufaktur, die selbst entworfene handdekorierte Kekse in selbst illustrierten Blechboxen verkauft, wir sind auch die Erfinder von „Schookielade", der Schokolade mit handbemalten Cookies. Wir veranstalten Backevents sowie Dekorationskurse und bieten ein breites Angebot an ausgefallenen Keksausstechern, aber auch Kekse als süße Werbeträger für Firmen und romantisch verzierte Kekse für Hochzeiten gehören zu unserem einzigartigen Konzept.

KEKSKUNST ZUM SELBERMACHEN

Unzählige Kekse habe ich inzwischen gebacken und mit den unterschiedlichsten Techniken verziert. Immer wieder werde ich gefragt, wie das denn genau funktioniert und ob ich nicht ein paar Tipps geben könnte. Meine Antworten darauf finden Sie hier in diesem Buch. Ich habe verschiedene Teigrezepte und Dekorationstechniken für Anfänger, Fortgeschrittene und auch Kinder zusammengestellt und genau erklärt. Mit den Verpackungsideen im Anhang werden aus den kleinen Keksunstwerken perfekte persönliche Geschenke für jede Gelegenheit.

Sie werden sehen: Backen kann so kreativ und bunt sein. Genau das möchte ich Ihnen mit meinem Buch „Kekskunst zum Selbermachen" zeigen und Sie dafür begeistern.

Viel Spaß beim Backen!

kekskunst
basics

KEINE ANGST, ES FOLGT KEIN LANGER DEKORIER-KURS!
HIER VERRATE ICH IHNEN DIE WICHTIGSTEN REZEPTE
UND ANLEITUNGEN, MIT DENEN SIE MIT EIN BISSCHEN
ÜBUNG BALD JEDEN KEKS NACH IHRER VORSTELLUNG
VERZIEREN KÖNNEN.

küchenhelfer
für die keksdekoration

EINIGE KÜCHENHELFER SIND ZUM BACKEN UND DEKORIEREN VON KEKSEN UNVERZICHTBAR. OHNE ROLLSTAB, SPRITZBEUTEL UND AUSSTECHER GEHT ES EINFACH NICHT.

[a] AUSROLLHÖLZER UND ROLLSTAB Damit alle Kekse gleichmäßig dick werden, sind Ausrollhölzer unentbehrlich. Ich verwende für fast alle Kekse in diesem Buch 5 mm dicke Hölzer. Zum Ausrollen benutze ich am liebsten einen großen Silikon-Rollstab. An ihm bleibt der Teig auch ohne Mehl nicht kleben.

[b] KEKSAUSSTECHER Ich bevorzuge größere Ausstecher. So hat man mehr Keksfläche und der Keks ist einfacher zu dekorieren.

[c] SCHABLONEN Wenn ich keinen passenden Keksausstecher finde, fertige ich mir meine eigenen Schablonen (siehe Seite 134–139): Das Wunschmotiv auf einen dünnen Pappkarton, z.B. einen Einmaltortenboden, aufzeichnen, ausschneiden und die Keksform mit einem kleinen Küchenmesser entlang der Schablonenkontur aus dem Teig ausschneiden.

[d] LEBENSMITTELFARBEN Zum Einfärben von Eiweiß-Spritzglasuren verwende ich am liebsten Gelfarben oder Pasten. Da die meisten Farben sehr intensiv sind und man nur kleine Mengen benötigt, dosiere ich die Farben vorsichtig mit einem Holzstäbchen. Metallic-Farben in Pulverform werden mit wenig Alkohol vermischt und mit einem Pinsel auf getrocknete Flächen aufgetragen.

[e] SPRITZBEUTEL UND TÜLLEN Für Konturen, Details und zum Ausfüllen kleinerer Flächen falte ich mir meine eigenen Spritzbeutel aus Backpapier (siehe Seite 20/21) und benutze sie ohne Tülle. Wer noch nicht so geübt ist, hat es mit Plastikspritzbeutel leichter. Mithilfe eines Adapters können daran 2-mm-Lochtüllen für Konturen oder 3-mm-Lochtüllen zum Ausfüllen größerer Flächen geschraubt werden.

[f] KLEINE SPRITZFLASCHEN AUS KUNSTSTOFF Sie verwende ich zum Ausfüllen größerer Flächen – für jede Glasurenfarbe ein Fläschchen, damit ich sie zwischendurch nicht reinigen muss. Außerdem können die Glasuren darin mehrere Tage im Kühlschrank aufbewahrt werden.

[g] KÜCHENSPATEL UND HOHES GEFÄSS Mit einem kleinen bis mittelgroßen Spatel lässt sich die Eiweiß-Spritzglasur am besten in Spritzbeutel oder Spritzflaschen füllen. Um beide Hände dabei frei zu haben, stelle ich die Spritzbeutel in ein passendes Gefäß, z.B. ein Glas.

heller mürbeteig
mit vanille

ICH LIEBE DIESES REZEPT! DENN ES IST UNGLAUBLICH WANDELBAR.
PASSEND ZU DEN MOTIVEN VERFEINERE ICH DEN TEIG MAL MIT ZITRUS-
SCHALEN, ROSENBLÄTTERN, MATCHA-TEE-PULVER ODER GEWÜRZEN.

Für ca. 25 mittelgroße oder ca. 12 große Kekse

1 Vanilleschote

200 g weiche Butter

175 g feinster Zucker, 1 Ei (M)

400 g Mehl (Type 405)

Aromen nach Belieben

abgeriebene Schale von
2 Bio-Zitronen oder -Orangen

2 EL ungespritzte, getrocknete,
gemahlene Rosenblätter

4 TL Matcha-Tee-Pulver

2 TL gemahlener Zimt,
Kardamom oder Ingwer

50 g getrocknete, fein gehackte
Cranberrys

besonderes Werkzeug
• Ausrollhölzer 5 mm

Zeitbedarf
• ca. 25 Minuten
• mindestens 2 Stunden kühlen
• 12 – 14 Minuten backen

So geht's

1. Die Vanilleschote mit einem Küchenmesser längs aufschlitzen und das Mark mit dem Messerrücken herauskratzen. Weiche Butter in Stückchen, Zucker, Ei und Vanillemark (oder andere Aromen) mit den Knethaken einer Küchenmaschine oder eines Handrührgeräts auf kleinster Stufe verrühren, bis die Masse eine cremige Konsistenz hat. Aber nicht zu lange rühren, da sich der Teig beim Backen sonst zu stark ausdehnt.

2. Das Mehl nach und nach dazusieben und unterkneten, bis sich der Teig von der Schüsselwand löst. Alternativ alle Zutaten mit den Händen in einer Rührschüssel verkneten, das dauert nur etwas länger. Den Teig zu einer Kugel formen, in Frischhaltefolie wickeln und für mindestens 2 Stunden oder am besten über Nacht kühlen.

3. Den Teig 30 Minuten vor der Verarbeitung aus dem Kühlschrank nehmen. Eine Arbeitsfläche mit wenig Mehl bestäuben. Den Teig halbieren, flach drücken und jede Portion 5 mm dick ausrollen [→a]. Mit Ausstechern oder Schablonen (siehe Seite 134 – 139) beliebige Formen ausstechen bzw. ausschneiden [→b] und auf mit Backpapier belegte Backbleche legen [→c]. Restlichen Teig erneut ausrollen und weitere Kekse ausstechen bzw. ausschneiden. Kekse vor dem Backen 30 Minuten kühlen, so behalten sie beim Backen ihre Form.

4. Inzwischen den Backofen auf 175 °C (Umluft) vorheizen. Die gekühlten Kekse nacheinander im Ofen (Mitte) je nach Größe 12 – 14 Min goldbraun backen.

SO SCHMECKT'S AUCH | DUNKLER MÜRBETEIG MIT KAKAO **Für einen dunklen Teig 350 g Mehl mit 50 g Kakaopulver mischen und wie oben in den Teig einarbeiten.**

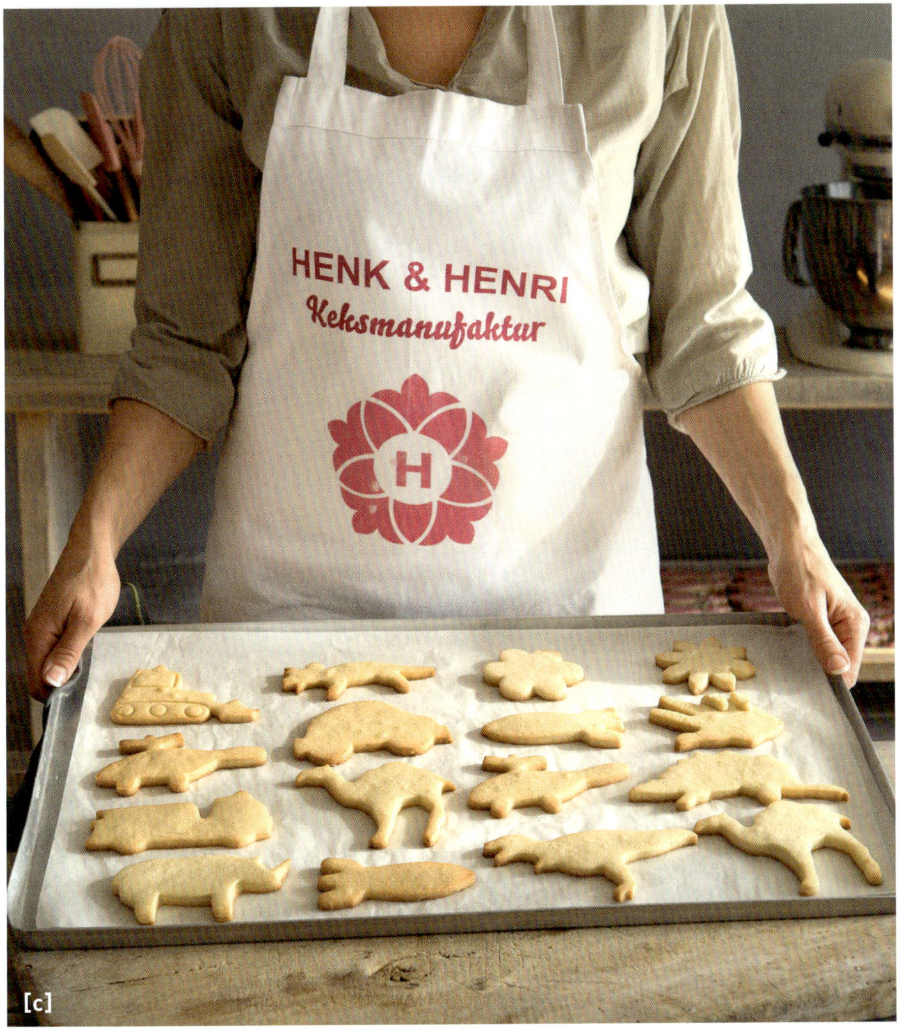

[a]

[b]

[c]

[a] TEIG GLEICHMÄSSIG AUSROLLEN Damit alle Kekse gleichmäßig dick werden, jede Teigportion zwischen 2 Ausrollstäben (siehe Seite 12/13) ausrollen. Alternativ können auch 2 lange Kochlöffel mit einem 5 mm dicken Stiel verwendet werden.

[b] SCHABLONEN Um individuelle Motive auszuschneiden, die vorbereiteten Schablonen auf den Teig legen und die Keksform mit einem kleinen Küchenmesser entlang der Schablonenkontur ausschneiden.

[c] KEKSE PERFEKT BACKEN Gleich große Kekse immer zusammen auf ein Backblech legen, damit sie im Ofen gleichzeitig fertig backen.

honiglebkuchen
mit gewürzen

DURCH DIE AROMEN AUS DEM HONIG UND DEN GEWÜRZEN EIGNET
SICH DIESER KEKSTEIG HERVORRAGEND, UM IHN WEIHNACHTLICH
ODER WINTERLICH ZU DEKORIEREN.

Für ca. 25 Kekse: 150 g Honig, 100 g brauner
Zucker, 100 g Butter, 350 g Mehl, ½ Päckchen
Backpulver, 50 g gemahlene Mandeln, 1 EL Leb-
kuchengewürz, 1 TL Zimtpulver, 1 TL Kakaopulver,
1 Prise Salz, 1 Ei (M), Mehl zum Arbeiten

So geht's: Honig, Zucker und Butter in einem
Topf bei mittlerer Hitze unter Rühren erhitzen,
bis sich der Zucker aufgelöst hat. Honigmischung in eine Rührschüssel umfüllen und
kurz abkühlen lassen. Mehl, Backpulver, Mandeln, Gewürze, Kakao und Salz in einer Schüssel gründlich vermischen. Die Mehlmischung
und das Ei mit den Knethaken einer Küchenmaschine oder eines Handrührgeräts unter die
Honigmischung kneten. Den Backofen auf
200 °C (Umluft 180 °C) vorheizen. Teig auf
einer leicht bemehlten Arbeitsfläche portions-
weise zwischen Ausrollhölzern ca. 6 – 7 mm
dick ausrollen. Motive ausstechen oder ausschneiden und auf mit Backpapier belegte
Bleche legen. Restlichen Teig erneut ausrollen
und weitere Kekse ausstechen bzw. ausschneiden. Bleche nacheinander in den Ofen (Mitte)
schieben und die Lebkuchen ca. 10 Minuten
backen, herausnehmen und auf einem Kuchengitter vollständig auskühlen lassen. Komplett
abgekühlte Lebkuchen in eine verschließbare
Dose legen und ein paar Tage darin ruhen lassen. Dadurch werden die Kekse schön weich
und schmecken noch köstlicher!

keksteige
ganz nach Wunsch

IMMER WIEDER BEKOMME ICH ANFRAGEN NACH GLUTEN-
FREIEN KEKSEN ODER WENIGER SÜSSEN, KERNIGEN COOKIES.
JETZT KANN ICH DIE WÜNSCHE ENDLICH ERFÜLLEN!

VOLLKORNKEKSE

Für ca. 15 mittelgroße Kekse: 250 g Dinkelvoll-
kornmehl, ½ TL Backpulver, 75 g gemahlene
Mandeln, 1 TL Zimtpulver, 100 g kalte Butter,
90 g brauner Zucker, 1 Ei (M), abgeriebene Schale
von 1 Bio-Zitrone, 5–6 EL Milch, Mehl zum
Arbeiten

So geht's: Mehl, Backpulver, Mandeln und
Zimt mischen. Butter in Stückchen, Zucker,
Ei und Zitronenabrieb mit den Knethaken einer Küchenmaschine oder eines Handrührgeräts verrühren. Mehlmischung und Milch nach
und nach unterkneten. Den Teig für mindestens 2 Stunden oder am besten über Nacht
kühlen. Den Backofen auf 180–200° C (Umluft 160–180° C) vorheizen. Den Teig halbieren und auf einer leicht bemehlten Arbeitsfläche zwischen Ausrollhölzern ca. 5 mm dick
ausrollen. Motive ausstechen oder ausschneiden und auf mit Backpapier belegte Bleche
legen. Restlichen Teig erneut ausrollen und
weitere Kekse ausstechen oder ausschneiden.
Kekse im Ofen (Mitte) nacheinander 12–15
Minuten backen, herausnehmen und auf einem
Kuchengitter vollständig auskühlen lassen.

GLUTENFREIE KEKSE

Für ca. 25 mittelgroße Kekse: 400 g glutenfreies
Mehl, 1 gestrichener TL Backpulver, 200 g weiche
Butter, 175 g brauner Zucker, 1 Ei (M), Mark von
1 Vanilleschote, Mehl zum Arbeiten

So geht's: Mehl und Backpulver mischen. Butter in Stückchen, Zucker, Ei und Vanillemark
mit den Knethaken einer Küchenmaschine
oder eines Handrührgeräts auf kleinster Stufe
verrühren. Die Mehlmischung nach und nach
unterkneten, bis sich der Teig von der Schüsselwand löst. Den Teig in Frischhaltefolie wickeln
und für mindestens 2 Stunden kühlen, 30 Minuten vor der Weiterverarbeitung wieder aus
dem Kühlschrank nehmen. Den Backofen auf
175 °C (Umluft) vorheizen. Den Teig halbieren
und auf einer leicht bemehlten Arbeitsfläche
zwischen Ausrollhölzern ca. 5 mm dick ausrollen. Motive ausstechen oder ausschneiden und
auf mit Backpapier belegte Bleche legen. Restlichen Teig erneut ausrollen und weitere Kekse
ausstechen oder ausschneiden. Kekse im Ofen
(Mitte) nacheinander 12–14 Minuten backen,
herausnehmen und auf einem Kuchengitter
vollständig auskühlen lassen.

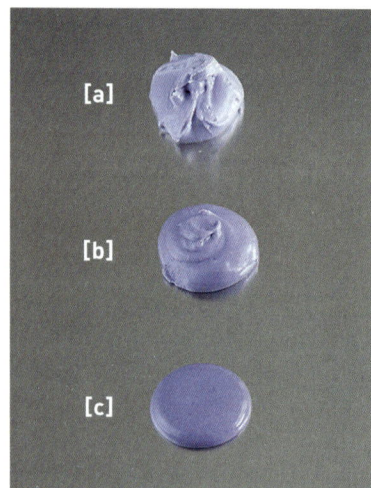

[a]

[b]

[c]

Für die meisten Kekse benötigt man grob ⅓ Konturenglasur und ⅔ Ausfüllglasur. Bewahren Sie von beiden Sorten am besten auch immer etwas ungefärbte Glasur auf, um eventuell weitere Farben anrühren zu können.

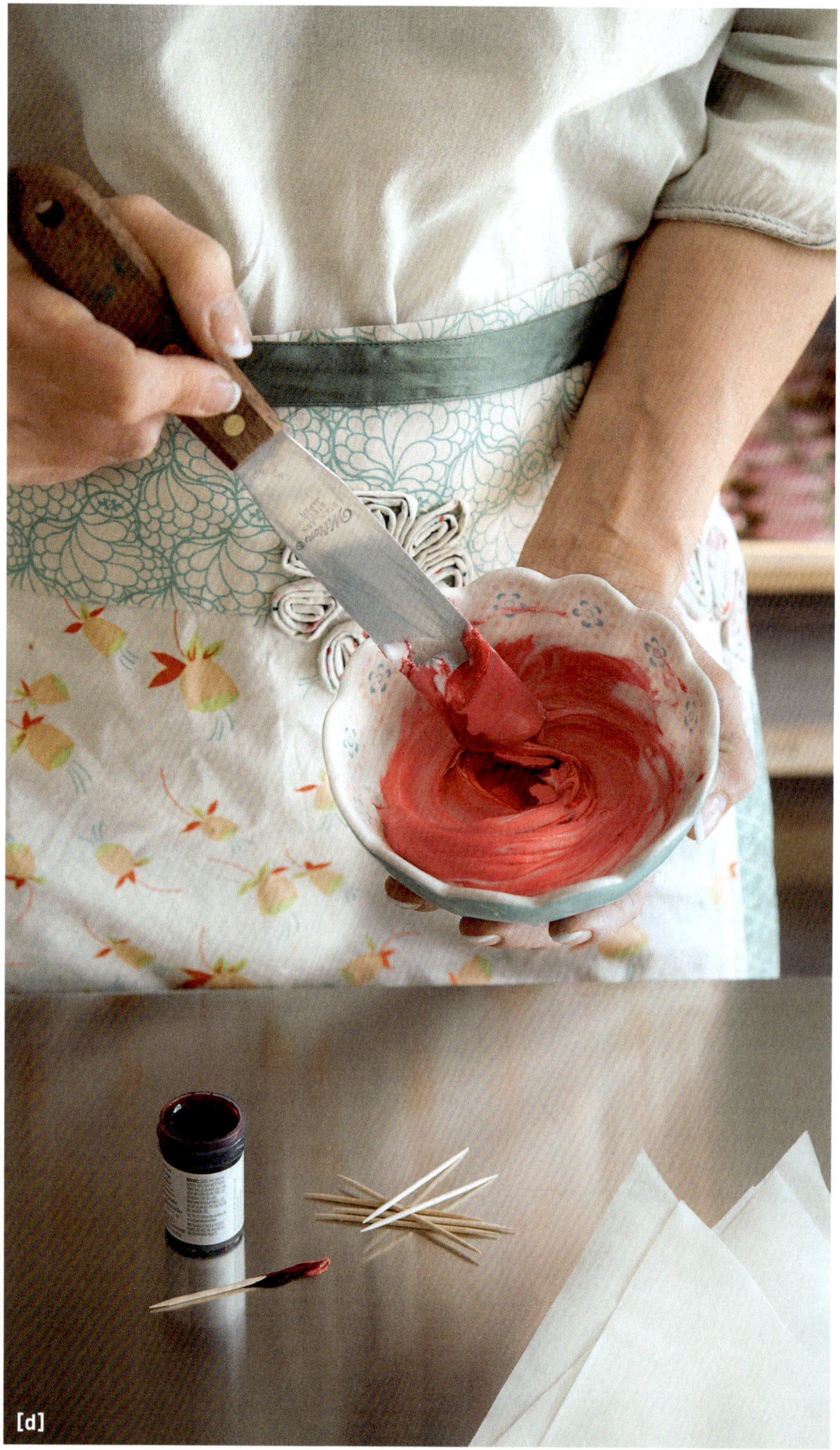

[d]

eiweiß-spritzglasur
royal icing

OHNE EIWEISS-SPRITZGLASUR – AUCH ROYAL ICING GENANNT – GÄBE ES MEINE KEKSKUNST NICHT. MIT IHR ZAUBERE ICH BLÜTEN, ZEICHNE KONTUREN UND VERWANDLE EINFACHE KEKSE IN BUNTE KUNSTWERKE.

Für ca. 25 mittelgroße oder ca. 12 große Kekse

4 frische Eiweiß

1 EL Zitronensaft

1 kg Puderzucker

oder

ca. 35 g Trockeneiweißpulver (Menge variiert je nach Hersteller)

150 ml Wasser

1 EL Zitronensaft

1 kg Puderzucker

So geht's

[→a] **Steife Glasur:** Sie ist die Basis für die Konturen- und Ausfüllglasur und wird verwendet, um Dekoelemente wie z. B. Rosenblüten (siehe Seite 34/35) herzustellen. Dafür in einer fettfreien Rührschüssel Eiweiße, Zitronensaft und gesiebten Puderzucker mit den Quirlen einer Küchenmaschine oder eines Handrührgeräts auf niedriger Stufe in ca. 5 Minuten zu einer steifen, weiß-glänzenden Glasur verrühren, die die Konsistenz von Zahnpasta besitzt. Trockeneiweiß und 150 ml Wasser mit einem Schneebesen in einer Schüssel verrühren und über Nacht kühl stellen, dann wie frisches Eiweiß weiterverarbeiten.

[→b] **Konturenglasur:** Mit dieser Glasur werden Konturen und Details auf die Kekse gespritzt. Zur Herstellung unter die steife Glasur tröpfchenweise Wasser rühren, bis sie weich und zähflüssig ist, beim Aufspritzen aber noch ihre Form behält.

[→c] **Ausfüllglasur:** Sie hat ungefähr die Konsistenz dicker Vanillesauce. Sie sollte verlaufen, um größere Flächen innerhalb der Konturen zu füllen, darf aber nicht zu flüssig sein, da sie sonst über die Kontur hinausläuft. Dafür die Konturenglasur tröpfchenweise mit Wasser verdünnen.

[→d] **Einfärben:** Das Royal Icing kann in jeder Konsistenz mit Lebensmittelfarben eingefärbt werden. Gelfarben sind sehr intensiv und lassen sich am besten mit einem Holzstäbchen dosieren. Das Gel gut unter die Glasur rühren und den Vorgang wiederholen, bis die gewünschte Farbe erreicht ist.

Aufbewahren: Glasuren, die nicht sofort verwendet werden, immer mit Klarsichtfolie abdecken oder luftdicht verschließen, damit sie nicht austrocknen. Im Kühlschrank aufbewahrt ist Royal Icing aus Trockeneiweiß gut 7 Tage haltbar, aus frischem Eiweiß 2 Tage. Wenn sich das Eiweiß bei der Lagerung vom Zucker trennt, die Glasur noch einmal bei niedriger Stufe verquirlen.

papierspritzbeutel
zum selbermachen

SPRITZBEUTEL SIND MEIN WICHTIGSTES HANDWERKSZEUG.
ICH FALTE SIE MIR GERNE SELBST, DENN MIT DEN HANDLICHEN
PAPIERSPRITZBEUTELN HABE ICH DAS BESTE GEFÜHL.

Für 2 Papierspritzbeutel

1 Stück stabiles Backpapier
(ca. 35 x 35 cm)

Schere

So geht's

[→a] Ein quadratisches Stück Backpapier diagonal falten und an der Faltkante durchschneiden, sodass 2 Dreiecke entstehen.

[→b] Ein Dreieck so hinlegen, dass die Spitze nach oben zeigt. Dann die rechte Ecke nach oben auf die Spitze legen und festhalten.

[→c+d] Als Nächstes die linke Ecke zuerst über die Mitte legen, dann um die rechte, nach oben gefaltete Eckte schlagen, sodass die linke Ecke von hinten auf der Spitze des Dreiecks liegt und eine spitze Tüte entstanden ist. Die Spitze am oberen Rand nach innen falten und den Rand rechts und links der Naht ein wenig einreißen. Die dabei entstandene Lasche noch mal nach innen klappen – dadurch wird der Spritzbeutel stabil.

[→e] Den Spritzbeutel aufrecht in ein Gefäß, z. B. ein leeres Marmeladenglas, stellen und maximal bis zur Hälfte mit Glasur füllen. Das Ende des Spritzbeutels schließen und zur entgegengesetzten Seite der Naht einrollen, bis er sich prall gefüllt anfühlt.

[→f] Die Spitze nur ganz knapp abschneiden, damit die Öffnung zum Spritzen von Konturen und Details nicht zu groß wird. Außerdem die Spitze ganz gerade abschneiden, sonst lässt sich die Konturlinie nicht gerade führen. Um kleine Blätter zu spritzen, in die Spitze eines Papierspritzbeutels ein kleines Dreieck schneiden.

MEIN TIPP | 1, 2 ODER 3 Ich falte mir immer so viele Spritzbeutel, wie ich Glasurfarben verwenden möchte. Meistens mache ich mir sogar noch ein paar mehr, so bin ich gut vorbereitet und kann mich später voll auf das Dekorieren konzentrieren.

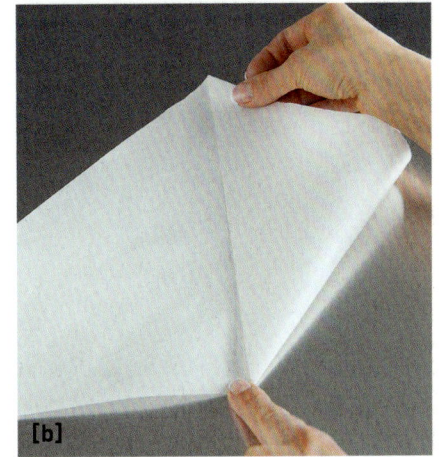

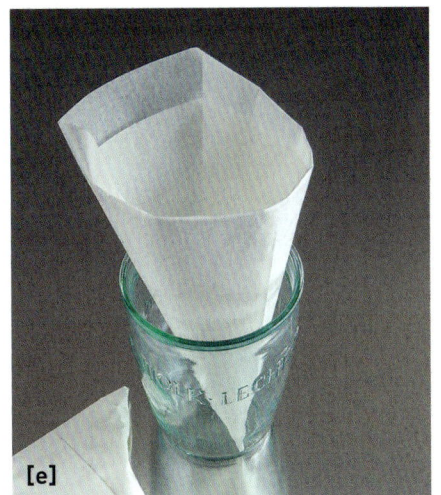

[a]

[b]

[d]

[c]

spritztechniken
kennenlernen

MIT EIN BISSCHEN ÜBUNG BEKOMMEN SIE DAS RICHTIGE GEFÜHL FÜR DEN UMGANG MIT DEM SPRITZBEUTEL UND WERDEN GANZ SCHNELL ZUM KEKSKÜNSTLER.

Zum Üben

Konturen- und Ausfüllglasur

Papierspritzbeutel

Spritzflaschen

So geht's

[→a] Konturen und Details: Einen Papierspritzbeutel mit Konturenglasur zwischen den Daumen und die restlichen Finger ihrer Schreibhand legen und die Glasur mit gleichmäßigem Druck aus dem Spritzbeutel drücken. Der Zeigefinger der anderen Hand unterstützt die Schreibhand beim Führen des Beutels. Die Beutelspitze dabei langsam und ca. 2 cm über dem Keks führen. Am Ende einer Kontur oder Linie den Druck auf den Beutel beenden, den Endpunkt kurz antippen und den Beutel abheben. Wichtig: Konturlinien dürfen nicht unterbrochen sein, da die Ausfüllglasur sonst ausläuft. Konturen vor dem Ausfüllen 5 Minuten trocknen lassen.

[→b] Kekse ausfüllen: Um größere Flächen zu füllen, die Ausfüllglasur mit einer Spritzflasche mit gleichmäßigem Druck innerhalb der Kontur verteilen. Dabei immer darauf achten, dass die Eiweiß-Spritzglasur nicht über die Kontur fließt. Bei sehr großen Flächen die Glasur am besten mit der Rückseite eines kleinen Löffels auf dem Keks verstreichen. Sehr kleine Flächen lassen sich auch mit einem Papierspritzbeutel füllen. Dafür die Spitze sehr knappkantig abschneiden. Lücken zwischen der Kontur und der Glasur können am Schluss mithilfe eines Holzstäbchens geschlossen werden. Fertig dekorierte Kekse am besten über Nacht trocknen lassen.

[→c] Mehrere Glasurschichten: Damit die Farben nicht ineinander verlaufen, muss bei aufwendigeren Dekorationen die Ausfüllglasur für einige Stunden trocknen, bevor man benachbarte Glasurschichten oder Details mit Konturenglasur aufträgt.

[→d] Wet-on-wet-Technik: Mit dieser Technik kann man Kekse mit einfachen Mustern dekorieren. Dafür den Keks mit Ausfüllglasur ausfüllen – gerade so viel, dass die Fläche bedeckt ist – und sofort mit einer andersfarbigen Ausfüllglasur z. B. Punkte oder Striche hineinmalen.

kekskunst
rund ums jahr

KEKSE, PLÄTZCHEN ODER BREDLI, WIE SIE
IN DER ORTENAU GENANNT WERDEN, SIND
AN WEIHNACHTEN TRADITION. FÜR MICH
GEHÖREN SIE ABER AUCH ZU JEDEM AN-
DERN BESONDEREN TAG IM JAHR. FÜR SIE
IN ZUKUNFT VIELLEICHT AUCH?

message-kekse

knusprige botschaften

DIESE KEKSE ÜBERBRINGEN NICHT NUR LIEBESBOTSCHAFTEN, ICH SAGE DAMIT AUCH DANKE, GUTE BESSERUNG ODER HAPPY BIRTHDAY!

Für ca. 18 kleine Kekse

½ Rezept heller Mürbeteig (siehe Seite 14/15)

Ausstecher: Herzen in verschiedenen Größen (klein ca. 6 cm)

Für die Dekoration

½ Rezept steife Glasur (siehe Seite 18/19)

Konturenfarben: flieder, mintgrün, hellrot, creme

Ausfüllfarben: flieder, mintgrün, hellrot, creme

8 Papierspritzbeutel

Lebensmittelfarbe: lila, rot zum Stempeln

Moosgummi als Stempelkissen

Verschiedene unbenutzte Motiv-, Wörter- und Buchstabenstempel

Zeitbedarf
- ca. 30 Minuten dekorieren
- 24 Stunden trocknen

So geht's

1. Die steife Glasur auf 4 Schälchen verteilen und je einen Teil flieder, mintgrün, hellrot und creme einfärben. Unter die Glasuren tropfenweise Wasser rühren, bis die gewünschte Konsistenz für Konturen erreicht ist. Von jeder Glasur 1 EL in einen Papierspritzbeutel füllen, die Schälchen mit der restlichen Glasur abdecken. Die Herzkekse in den verschiedenen Farben umranden und ca. 5 Minuten trocknen lassen.

2. Die restlichen farbigen Glasuren vorsichtig mit Wasser zu Ausfüllglasuren verdünnen. Jeweils 2 EL in einen Papierspritzbeutel geben und die Kekse mit der passenden Farbe ausfüllen. Dabei darauf achten, dass die Oberfläche schön glatt ist. Kekse mindestens 24 Stunden trocknen lassen.

3. Am nächsten Tag die Lebensmittelfarben Lila und Rot mit einem Messer dünn auf Moosgummi streichen und dieses als Stempelkissen benutzen. Die gewünschten Stempel leicht auf das Gummi drücken, bis alle Stempelteile mit wenig Farbe bedeckt sind und ganz nach Belieben Motive und liebevolle Botschaften auf die Kekse stempeln.

MEIN TIPP | STEMPELN Die Stempel sollten unbenutzt sein, bevor sie mit Lebensmitteln in Berührung kommen. Damit das Motiv beim Aufstempeln nicht verschmiert, jeden Stempel zuerst einmal auf Backpapier ausprobieren, dann erst auf den Keks stempeln.

porträt-kekse
zum verlieben schön

LIEBE GEHT BEKANNTLICH DURCH DEN MAGEN. BEI DIESEN KEKSEN IST DAS AUF JEDEN FALL WÖRTLICH ZU NEHMEN!

Für ca. 9 Kekse

1 Rezept heller Mürbeteig (siehe Seite 14/15)

Ausstecher: Oval (ca. 10 cm), Quadrat (ca. 6 cm), Herz (ca. 9 cm)

Für die Dekoration

Puderzucker zum Ausrollen

ca. 400 g weißer Rollfondant (z. B. aus dem Tortenfachgeschäft)

Fotos auf Esspapier gedruckt (im Internet erhältlich, siehe Seite 142)

1 EL Aprikosengelee

1 Pinsel

¼ Rezept steife Glasur (siehe Seite 18/19)

Konturenfarbe: weiß

1 – 2 Papierspritzbeutel

Zeitbedarf

- ca. 1,5 Stunden dekorieren
- über Nacht trocknen

So geht's

1. Etwas Puderzucker dünn auf eine Arbeitsfläche stäuben und den Rollfondant ca. 2 mm dick ausrollen. Zu jedem Keks die entsprechende Form aus Fondant ausstechen. Den restlichen Fondant für die ovalen Fotorahmen aufbewahren.

2. Das bedruckte Esspapier aus der Verpackung nehmen. Zu jedem Keks ein Foto aus Esspapier in der entsprechenden Keksform ausschneiden und ca. 20 Minuten antrocknen lassen. Inzwischen das Aprikosengelee erwärmen, sehr dünn auf die vollständig ausgekühlten Kekse streichen und das passende Stück Fondant ganz exakt darauflegen.

3. Das Fondant auf den Keksen mit einem Pinsel und ganz wenig Wasser leicht befeuchten. Dann sofort ein passend zugeschnittenes Esspapierfoto darauf platzieren, mit den Fingerkuppen vorsichtig flach drücken und entstandene Luftblasen vorsichtig glatt streichen. Porträtkekse über Nacht trocknen lassen.

4. Die steife Glasur tröpfchenweise mit Wasser zu Konturenglasur verdünnen, in einen Spritzbeutel füllen und die herzförmigen sowie die quadratischen Kekse damit umranden. Die Kekse ein paar Stunden trocknen lassen.

5. Für die ovalen Fondantrahmen das restliche Fondant 3 mm dick ausrollen und Ovale in der Größe der Kekse ausstechen. Aus dem Inneren der Ovale mit einem Küchenmesser so viel herausschneiden, dass ein ca. 1 cm breiter Rahmen übrig bleibt. Diese mit etwas erwärmtem Aprikosengelee auf die ovalen Porträtkekse kleben, über Nacht trocknen lassen.

MEIN TIPP | ESSPAPIER Falls sich die Ränder des Esspapiers beim Trocknen nach oben wölben, diese mithilfe der Fingerkuppen mit leichtem Druck, aber vorsichtig wieder andrücken und glatt streichen.

blick in die backstube

es ist hochsaison

HAUPTSAISON IST BEI MIR IMMER RUND UM DIE OSTERZEIT.
DANN BEGINNT MEIN TAG IN DER BACKSTUBE MEIST SCHON
FRÜHMORGENS UND ENDET NICHT SELTEN NACH MITTERNACHT.

PLANEN UND VORBEREITEN

Es ist früh am Morgen, wenn ich meine Backstube in einer kleinen Nebenstraße in Hamburg aufschließe und mich auf die Aufgaben
freue, die vor mir liegen. Noch schnell ein
frisch gebrühter Kaffee, dann geht's los. Zuerst
berechne ich, wie viel Teig ich für die anstehen-
den Bestellungen herstellen muss und wie viele
Zutaten dafür benötigt werden. Frische Eier,
Butter, Vanille und Mehl kommen in die Teig-
maschine und werden geknetet, bis ein ge-
schmeidiger Teig entstanden ist. Der wird sorgfältig und gleichmäßig ausgerollt, dann steche
ich die Kekse nach den Motivvorlagen aus, die
über den Edelstahltischen hängen.

MOTIVE UND FARBEN

Zur Osterzeit bestimmen natürlich Hasen,
Lämmer, Ostereier, Küken und Karotten meine
Motivauswahl. Die Vorlagen entstehen in
genauester Handarbeit, denn jeder Keks soll
etwas Besonderes sein. Das erfordert viel Zeit
und Geduld, doch es ist mir wichtig, dass wirklich jeder einzelne Keks später liebevoll gestal-
tet ist. Die ausgestochenen Kekse werden erst
gekühlt, damit sie ihre Form behalten, und an-
schließend in den Backöfen goldbraun geba-

cken. Wenn sie abgekühlt sind, umrande und
fülle ich sie mit bunter Zuckerglasur in den
Trendfarben der Saison. Da kann es schon mal
sein, dass der Osterhasenkeks, der letztes Jahr
in Braun nachgefragt wurde, nun in trendigem
Pink und Lila ausgeliefert wird. Ganz zum
Schluss wird jeder Keks noch mit Details dekoriert und zum Trocknen in einen sogenannten
Stikkenwagen – eine bäckertypische Trocken-
vorrichtung – geschoben.

FREUDE SCHENKEN

Die Kekse, die wir am Vortag hergestellt haben, sind mittlerweile getrocknet und werden
sorgfältig in die jeweiligen Keksmotivboxen,
die mit buntem Seidenpapier ausgelegt sind,
verpackt. Jetzt noch den Deckel darauf, eine
hübsche Schleife drum und eine Grußkarte
mit lieben Worten für den Beschenkten dazu.
Das Schönste an meinem Beruf sind die Mo-
mente, in denen Kunden, die unsere Kekse
erhalten haben, sich bei uns melden und ihre
Freude mit uns teilen. Es gibt doch kein schö-
neres Kompliment!

oster-kekse
einfach beeindruckend

MIT LEBENSMITTELSTIFTEN DEKORIEREN IST KINDERLEICHT UND MACHT KLEINEN KEKSBÄCKERN DESHALB BESONDERS VIEL SPASS. ICH HABE MICH HIER VON INDISCHEN HENNAMUSTERN INSPIRIEREN LASSEN.

Für ca. 25 Kekse

1 Rezept heller Mürbeteig
(siehe Seite 14/15)

Ausstechformen: verschiedene
Ostermotive wie Hase, Ei, Küken,
Lämmchen, Karotte

Für die Dekoration

½ Rezept steife Glasur
(siehe Seite 18/19)

Konturen- und Ausfüllfarbe: weiß

2 – 3 Papierspritzbeutel

1 Spritzflasche

dünne, bunte Lebensmittelstifte
(z. B. aus dem Tortenfachgeschäft)

Zeitbedarf
- ca. 2 Stunden dekorieren
- 24 Stunden trocknen

So geht's

1. Unter 2 EL steife Glasur tröpfchenweise Wasser rühren, bis die gewünschte Konturenglasur-Konsistenz erreicht ist. Die restliche Glasur abdecken. Die Konturenglasur in Papierspritzbeutel füllen und auf alle Kekse Außenkonturen aufspritzen, 5 Minuten trocknen lassen.

2. Die restliche steife Glasur mit wenig Wasser zu Ausfüllglasur verdünnen, in eine Spritzflasche füllen und die Fläche innerhalb der Konturen gleichmäßig ausfüllen – Lücken zwischen der Kontur und der Glasur mit einem Holzstäbchen schließen. Die Kekse 24 Stunden trocknen lassen.

3. Die getrockneten Kekse mit Lebensmittelstiften ganz nach Belieben bunt bemalen.

MEIN TIPP | DEKORIEREN MIT KINDERN Teilen Sie das Backen und Dekorieren am besten auf zwei Tage auf. So verlieren Kinder nicht den Spaß, weil es nicht zu lange dauert, und Sie kommen nicht in Stress. Für Kinder eignen sich Lebensmittelstifte mit einer dickeren Mine besonders gut.

große zuckerrosen

zum dekorieren

WIR STELLEN UNSERE ZUCKERROSEN FÜR HENK & HENRI AUSSCHLIESSLICH SELBST HER. SIE KÖNNEN AUCH IN UNSEREM ONLINE-SHOP BESTELLT WERDEN.

Für ca. 40–50 Rosen

¼ Rezept steife Glasur
(siehe Seite 18/19)

Lebensmittelfarbe: rosa

2 Plastikspritzbeutel mit Adapter

1 Lochtülle 10 mm

40–50 Backpapierquadrate
à 5 x 5 cm

1 Blumennagel (z. B. aus dem Tortenfachgeschäft)

1 Spritztülle No. 104 von Wilton

Zeitbedarf
- ca. 10 Minuten pro Rose
- 24 Stunden trocknen

So geht's

[→a] Die steife Glasur rosa einfärben. Einen Spritzbeutel mit Lochtülle bis halb mit Glasur füllen. Ein Backpapierquadrat mit etwas Glasur in die Mitte eines Blumennagels kleben. Den Blumennagel zwischen Daumen und Zeigefinger einer Hand halten. Für den Basiskörper die Lochtülle senkrecht auf die Mitte des Backpapiers setzen und mit gleichmäßig nachlassendem Druck einen 1 cm hohen und 1 cm breiten Kegel spritzen.

[→b] Die Lochtülle abschrauben und die Spritztülle No. 104 an den Adapter schrauben. Um die Rosenknospe zu bilden, wird mit der Glasur eine Art Band um die Spitze des Basiskörpers gespritzt. Dafür die Tülle mit dem breiten Ende nach unten und in einem Winkel von etwa 45 Grad zum Basiskörper anlegen. Die Glasur mit gleichmäßigem Druck herausspritzen und gleichzeitig den Blumennagel um 360 Grad drehen, bis man mit dem Glasurband wieder am Anfangspunkt angelangt ist und diesen leicht überlappt. Dann den Druck nachlassen und das Spritzen beenden.

[→c] Für die ersten Blütenblätter die Tülle im gleichen Winkel etwas unterhalb der unteren Kante und versetzt zum Endpunkt des ersten Bandes ansetzen. Nach dem gleichen Prinzip wie oben ein weiteres Band aus Glasur um die Knospe spritzen. Das Band beenden, sobald es den Anfangspunkt leicht überlappt.

[→d] Für eine zweite Reihe Blütenblätter die Tülle wieder etwas versetzt zum Endpunkt des ersten Bandes ansetzen und ein drittes Band spritzen. So oft wiederholen, bis die Rose die gewünschte Größe hat. Das Backpapier vorsichtig vom Blumennagel ziehen und die Rose gut 24 Stunden trocknen lassen.

MEIN TIPP | KLEINE ZUCKERROSEN werden nach dem gleichen Prinzip hergestellt. Verwenden Sie für den Basiskörper dann eine Lochtülle mit 8 mm Durchmesser und eine kleinere Spritztülle für die Bänder.

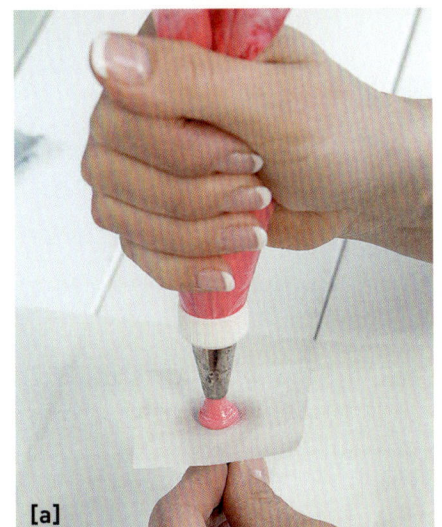

[a]

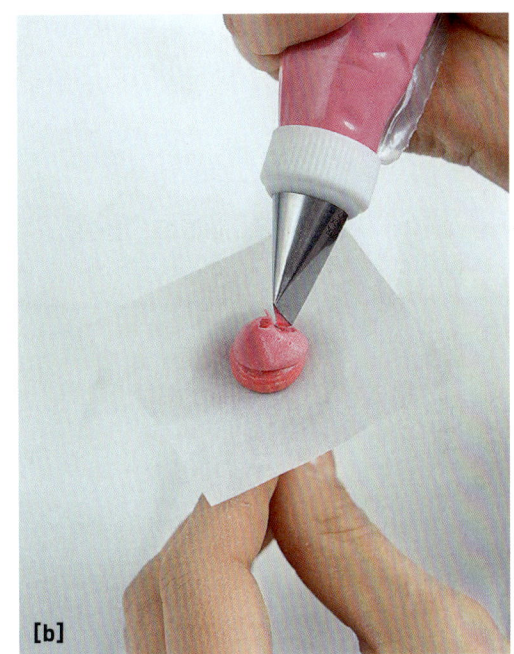

[b]

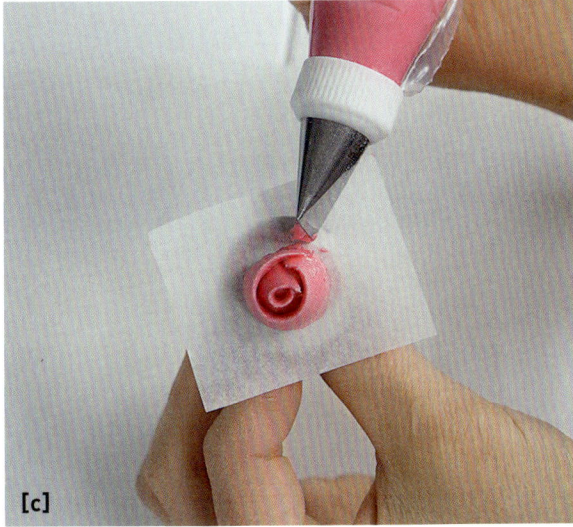

[c]

[d]

rosen-kekse
romantische blumenpracht

MIT DIESEN KEKSEN MACHEN SIE JEDE MUTTER GLÜCKLICH.
ICH HABE DAMIT ABER AUCH SCHON EINIGE HOCHZEITSTISCHE
VON FREUNDEN ROMANTISCH GESCHMÜCKT.

Für 8 Kekse: ½ Rezept heller Mürbeteig (siehe Seite 14/15), Ausstecher: großes Herz (ca. 10 cm), mittelgroßes Herz (ca. 4,5 cm), kleines Herz (ca. 3 cm), Schablone: Blumenstrauß (siehe Seite 134), ½ Rezept steife Glasur (siehe Seite 18/19)

GROSSER ROSENHERZKEKS

Für 2 Kekse: 40 mittelgroße pastellfarbene Zuckerrosen (siehe Seite 34/35), Konturenfarbe: lila, 1 Papierspritzbeutel, Lochtülle 3 mm

So geht's: Die Zuckerrosen mit jeweils einem Tupfen Eiweiß-Spritzglasur auf die Herzkekse kleben, dabei zwischen den einzelnen Rosen etwas Abstand lassen. 2 EL steife Glasur lila einfärben, dann mit wenig Wasser zu einer Konturenglasur verdünnen. Die Spitze des Papierspritzbeutels ca. 1 cm abschneiden und die Tülle hineinfallen lassen. Die Glasur in den Beutel füllen und zwischen die Rosen lila Tupfen spritzen, bis alle Lücken geschlossen sind. Rosen-Kekse über Nacht trocknen lassen.

HERZ MIT EINER ROSE

Für 2 Kekse: Konturenfarben: lila, pink, Ausfüllfarbe: lila, 3 Papierspritzbeutel, 2 große zartrosa Zuckerrosen (siehe Seite 34/35)

So geht's: In einem Schälchen 1 EL steife Glasur lila einfärben und mit wenig Wasser zu einer Konturenglasur verdünnen. Außenkonturen mit einem Papierspritzbeutel aufspritzen, ca. 5 Minuten trocknen lassen. Weitere 2 EL steife Glasur lila einfärben, zu einer Ausfüllglasur verdünnen und die Herzen damit ausfüllen. Über Nacht trocknen lassen. Die Zuckerrosen mit einem Tupfen Eiweiß-Spritzglasur in die Mitte der Kekse kleben. 1 EL steife Glasur pink einfärben, mit wenig Wasser zu einer Konturenglasur verrühren und die Herzen damit umranden. Gut 2 Stunden trocknen lassen.

HERZ MIT HERZ IN DER MITTE

Für 2 Kekse: 30 kleine pastellfarbene Zuckerrosen (siehe Seite 34/35), Konturenfarbe: lila,
1 Papierspritzbeutel, Sterntülle 5 mm

So geht's: Die Zuckerrosen mit jeweils einem
Tupfen Eiweiß-Spritzglasur auf die Herzkekse
kleben, dabei zwischen den einzelnen Rosen
etwas Abstand lassen. 2 EL steife Glasur lila
einfärben, mit wenig Wasser zu einer Konturenglasur verdünnen. Die Spitze des Papierspritzbeutels 1 cm abschneiden und die Tülle
hineinfallen lassen. Die Glasur in den Beutel
füllen und zwischen die Rosen lila Tupfen
spritzen, bis alle Lücken geschlossen sind.
Über Nacht trocknen lassen.

BLUMENSTRAUSS

Für 2 Kekse: Konturenfarbe: grün, 2 Papierspritzbeutel, Lochtülle 3 mm, 24 bunte kleine
Zuckerrosen (siehe Seite 34/35)

So geht's: In einem Schälchen 2 EL steife Gla-
sur grün einfärben, mit wenig Wasser zu einer
Konturenglasur verdünnen. Die Spitze des
Papierspritzbeutels 1 cm abschneiden und die
Tülle hineinfallen lassen. 1 EL Glasur in den
Beutel füllen und Blumenstängel aufspritzen.
Die Zuckerrosen mit jeweils einem Tupfen
Eiweiß-Spritzglasur so auf den Keks kleben,
dass ein Blumenbouquet entsteht. Für die
Blätter die Spitze eines Papierspritzbeutels als
Dreieck abschneiden (siehe Seite 20/21) und
mit der restlichen grünen Glasur Blätter zwi-
schen die Rosen spritzen. Einige Stunden
trocknen lassen.

YOU ARE THE
BEST DADDY

vatertags-kekse
für die süßesten männer der welt

AUCH UNTER DEN MÄNNERN GIBT ES SÜSSSCHNÄBEL, DIE SICH AN IHREM BESONDERN TAG GERNE MIT DEKORIERTEN KEKSEN VERWÖHNEN LASSEN.

Für ca. 20 Kekse

1 Rezept heller Mürbeteig
(siehe Seite 14/15)

Ausstecher: Moustache, Hemd

Schablonen: Shorts, Auto
(siehe Seite 134),
Uhr (ca. 4 x 8 cm)

Für die Dekoration

1 Rezept steife Glasur
(siehe Seite 18/19)

Konturenfarben: hellblau,
mintgrün, schwarz, braun, weiß

Ausfüllfarben: hellblau,
mintgrün, schwarz, rot, braun

10 – 12 Papierspritzbeutel

Zeitbedarf

• ca. 2 Stunden dekorieren
• über Nacht trocknen

So geht's

Glasur: Die steife Glasur in 6 Schälchen verteilen und je einen Teil hellblau, mintgrün, schwarz, braun und rot einfärben, einen Teil weiß lassen. Alle Glasuren außer Rot zu Konturenglasuren verdünnen. Von der hellblauen, mintgrünen, schwarzen und braunen Glasur ein Drittel abnehmen. Rot und die restlichen Glasuren mit Wasser zu Ausfüllglasuren verrühren. Alle Glasuren abdecken und erst kurz vor dem Gebrauch in Papierspritzbeutel füllen.

Moustache: Mit Schwarz umranden und ausfüllen. Nach dem Trocknen die Außenkonturen mit weißer Konturenglasur nachzeichnen.

Hemd: Mintgrün umranden und ausfüllen. Nach dem Trocknen mit weißer Konturenglasur Details wie Kragen, Passe, Taschen und die Umrisse der Krawatte aufspritzen, trocknen lassen. Die Krawatte mit hellblauer Ausfüllglasur füllen, trocknen lassen und zum Schluss ein Krawattenmuster aufmalen.

Shorts: Mit Hellblau umranden und ausfüllen. Trocknen lassen und mit weißer Konturenglasur Streifen, Bund und Knöpfe aufspritzen.

Auto: Die Umrisse des Automodells und der Reifen mit schwarzer Konturenglasur aufzeichnen. Die Reifen mit schwarzer und das Auto mit roter Ausfüllglasur ausmalen, außerdem den Helm mit weißer Konturenglasur aufspritzen, trocknen lassen. Details mit schwarzer und weißer Konturenglasur einzeichnen.

Uhr: Mit schwarzer Konturenglasur die Umrandungen des Ziffernblatts und des Armbands aufspritzen. Ziffernblatt mit schwarzer und Armband mit brauner Ausfüllglasur füllen, trocknen lassen. Das Gehäuse mit hellblauer Konturenglasur umranden und mit blauer Ausfüllglasur füllen, trocknen lassen. Details des Ziffernblatts mit weißer Konturenglasur aufspritzen.

halloween-kekse

schaurig schön

DIESE KEKSE GEHÖREN ZU DEN LIEBLINGSMOTIVEN MEINER BEIDEN JUNGS.
GANZ EINFACH LASSEN SICH SCHÖN SCHAURIGE MOTIVE ERZIELEN.

Für ca. 25 Kekse

1 Rezept dunkler Mürbeteig
(siehe Seite 14/15)

Ausstecher: Kreis (ca. 8 cm Ø,
für Spinnennetz) Geist, Katze,
Eule, Fledermaus, Kürbis

Für die Dekoration

1 Rezept steife Glasur
(siehe Seite 18/19)

Konturenfarben: grün, orange,
lila, schwarz, weiß

Ausfüllfarben: orange, lila,
schwarz, weiß

10 – 12 Papierspritzbeutel

Zahnstocher

Zeitbedarf
• ca. 2 Stunden dekorieren
• über Nacht trocknen

So geht's

Glasur: In einem Schälchen 1 EL steife Glasur grün einfärben. Den Rest auf 4 Schälchen verteilen und je einen Teil orange, lila und schwarz einfärben, einen Teil weiß lassen. Alle Farben tröpfchenweise mit Wasser verdünnen, bis die gewünschte Konturenglasur-Konsistenz erreicht ist. Von jeder Glasur außer Grün 1 – 2 EL abnehmen. Aus den übrigen Glasuren mit Wasser Ausfüllglasuren herstellen. Alle Glasuren abdecken und erst kurz vor dem Gebrauch in Papierspritzbeutel füllen.

Spinnennetze: Kreise mit schwarzer Konturenglasur umranden, 5 Minuten trocknen lassen. Die Fläche innerhalb der Kontur mit farbigen Kreisen füllen, dann mit einem Zahnstocher marmorieren [→a], trocknen lassen. Für die Spinnenkörper mit schwarzer Konturenglasur zwei 1 cm breite Tupfen, daneben Spinnenbeine aufspritzen, 20 Minuten trocknen lassen. Zum Schluss mit grüner Konturenglasur Augen aufspritzen.

Geist: Außenkonturen mit weißer Konturenglasur aufspritzen. Umrisse der Augen und des Mundes mit orangefarbener Konturenglasur aufspritzen, 5 Minuten trocknen lassen. Die gesamte Fläche um den Mund und die Augen mit weißer Ausfüllglasur ausfüllen und trocknen lassen.

Katze, Eule, Fledermaus: Mit schwarzer Konturenglasur umranden, 5 Minuten trocknen lassen. Die Kekse mit schwarzer Ausfüllglasur flächig füllen. Nach dem Trocknen die Details mit schwarzer, weißer, grüner und orangefarbener Konturenglasur aufzeichnen.

Kürbis: Mit orangefarbener Konturenglasur einfassen. Umrisse der Augen und des Mundes aufspritzen, 5 Minuten trocknen lassen. Die Fläche um den Mund und die Augen mit orangefarbener Ausfüllglasur ausfüllen und trocknen lassen. Zum Schluss den Stängel mit grüner Konturenglasur aufspritzen.

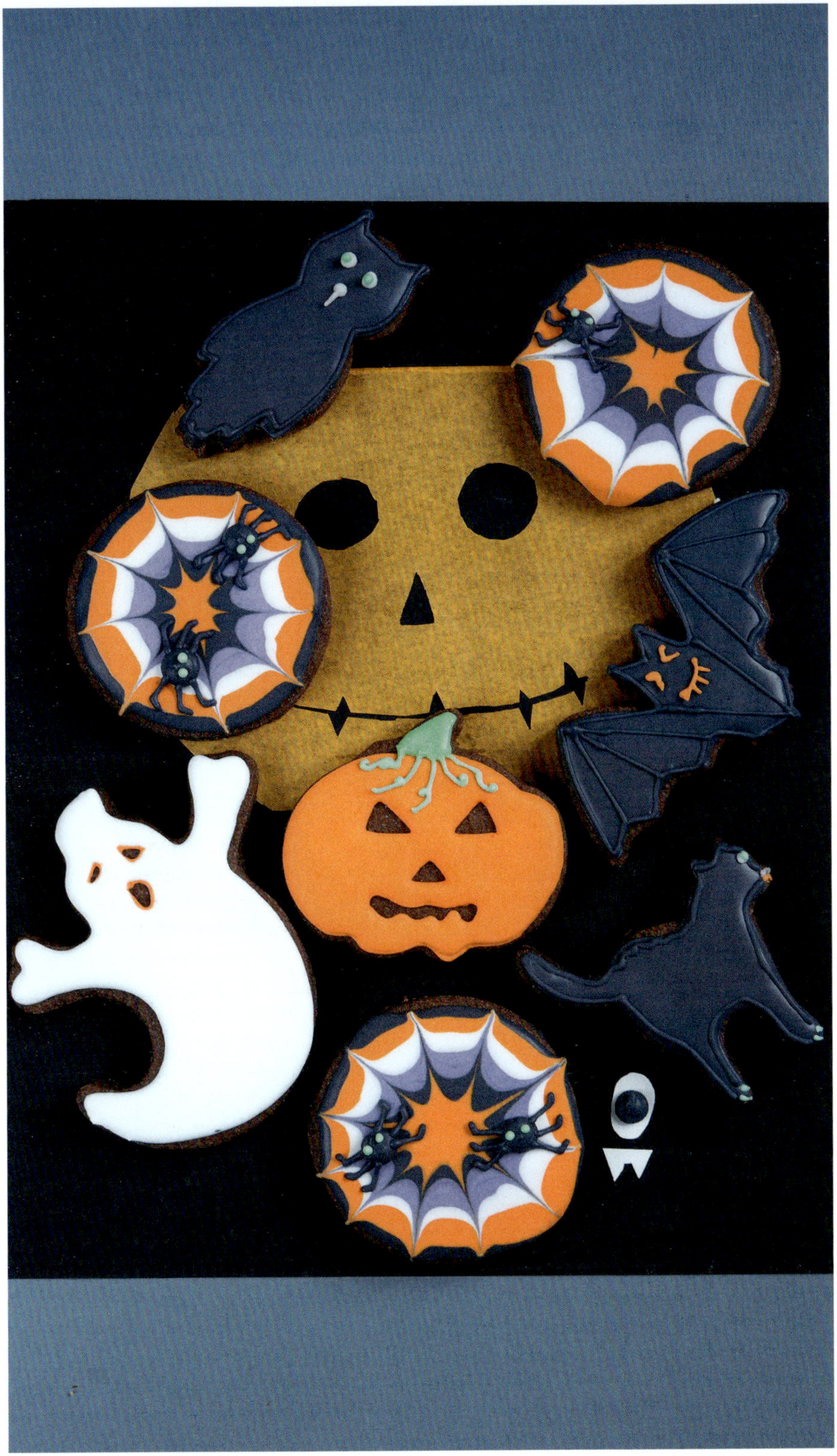

MEIN TIPP
AUS DER
BACKSTUBE

[a] MARMORIEREN Den runden Keks mit Kreisen aus Ausfüllglasur füllen, dabei an der Kontur beginnen und zur Mitte hin vorarbeiten. Farben in der folgenden Reihenfolge wählen: schwarz, orange, weiß, lila, schwarz, in der Mitte mit orange abschließen. Die Spitze des Zahnstochers von der Mitte des Kekses bis an den Rand der Kontur ziehen. So oft wiederholen, bis ein Spinnennetz entstanden ist. Nach jedem Einstechen den Zahnstocher wieder säubern, bevor weiter marmoriert wird.

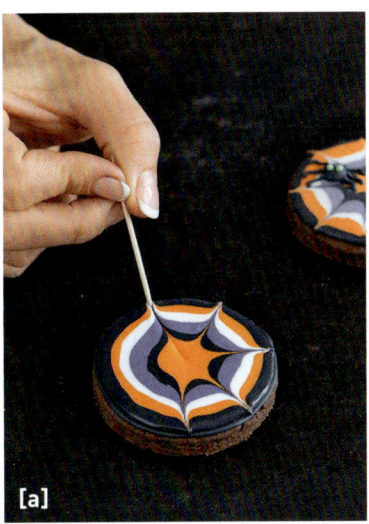

[a]

weihnachts-kekse
skandinavischer winterzauber

WÄHREND MEINER ARBEIT ALS STRICKDESIGNERIN HABE ICH MICH IMMER WIEDER VON SKANDINAVISCHEN STRICKMUSTERN INSPIRIEREN LASSEN. HEUTE VERZIERE ICH MEINE KEKSE DAMIT.

Für ca. 25 Kekse

1 Rezept heller Mürbeteig mit Orangenschale (siehe Seite 14/15)

Ausstechformen: Pulli, Handschuh, Mütze, Eiskristall, Schlitten

Für die Dekoration

1 Rezept steife Glasur (siehe Seite 18/19)

Konturenfarben: creme, lila, braun

Ausfüllfarben: creme, lila, braun

8 – 10 Papierspritzbeutel

silberne Liebesperlen (z. B. aus dem Tortenfachgeschäft)

Zeitbedarf
• ca. 2 Stunden dekorieren
• über Nacht trocknen

So geht's

Glasur: Die steife Glasur auf 3 Schälchen verteilen und je einen Teil creme, lila und braun einfärben, dann tröpfchenweise mit Wasser zu Konturenglasur verdünnen. Von jeder Glasur 1 – 2 EL abnehmen. Aus den restlichen Glasuren mit Wasser Ausfüllglasuren herstellen. Alle Glasuren abdecken und erst kurz vor dem Gebrauch in Papierspritzbeutel füllen.

Norwegerpulli: Den Pulli mit Konturenglasur in Lila oder Creme umranden, 5 Minuten trocknen lassen. Die Fläche innerhalb der Konturen mit der passenden Ausfüllglasur ausmalen und trocknen lassen. Mit lila, brauner und cremefarbener Konturenglasur die Details und Strickmuster aufspritzen.

Handschuh: Die Außenkontur mit brauner Konturenglasur aufspritzen, 5 Minuten trocknen lassen, dann mit Ausfüllglasur in Creme ausfüllen. Nach dem Trocknen Strickmuster mit lila Konturenglasur aufzeichnen.

Mütze: Mit cremfarbener Konturenglasur einfassen, 5 Minuten trocknen lassen. Dann mit cremefarbener Ausfüllglasur füllen und sofort Punkte mit lila Ausfüllglasur hineinmalen, trocknen lassen. Mützenrand und Bommel mit lila Konturenglasur aufspritzen.

Eiskristall: Mit brauner Konturenglasur umranden, 5 Minuten trocknen lassen. Den Kristall mit brauner Ausfüllglasur ausmalen und trocknen lassen. Mit Konturenglasur in Lila, Braun und Creme ganz nach Belieben Verzierungen aufspritzen. Zum Schluss in die Mitte eine Liebesperle setzen.

Schlitten: Mit lila Konturenglasur umranden, trocknen lassen und mit lilafarbener Ausfüllglasur füllen. Mit lila und cremefarbener Konturenglasur Details aufzeichnen, mit Liebesperlen verzieren.

christbaumkugeln
nostalgie pur

DIESE CHRISTBAUMKUGELN AUS LEBKUCHEN SIND
NICHT NUR ESSBAR, SONDERN VERSTRÖMEN EINEN
WUNDERBAREN DUFT NACH KÖSTLICHEN GEWÜRZEN.

Für 3 Kugeln

1 Rezept Honiglebkuchen
(siehe Seite 16/17)

Ausstecher: großer Kreis
(10 cm Ø), kleines Oval (1 – 2 cm Ø)

Silikonform mit 6 halbrunden
Mulden (ca. 7 cm Ø), Zitronenreibe

Für die Dekoration

¼ Rezept steife Glasur
(siehe Seite 18/19)

steife Glasur: braun

2 runde Esspapieroblaten mit
Engelmotiven (ca. 4 cm Ø; im Internet erhältlich, siehe Seite 142)

etwas Glanzpuder gold

1 großer Puderpinsel

3 Papierspritzbeutel

kleine weiße Liebesperlen

3 weiße Geschenkbänder

2 Zahnstocher

Zeitbedarf

• ca. 2 Stunden dekorieren
• über Nacht trocknen

So geht's

1. Den Lebkuchenteig wie auf Seite 16 beschrieben zubereiten und ausrollen. 6 Kreise à 10 cm Ø ausstechen und auf die Silikonform legen [→ a]. Zusätzlich 6 kleine Ovale ausstechen. Silikonform und Kekse auf ein mit Backpapier belegtes Blech legen und wie auf Seite 16 beschrieben backen. Die gebackenen Halbkugeln erst von der Silikonform lösen, wenn diese vollständig abgekühlt sind.

2. Die Halbkugeln an den Kanten mit einer Zitronenreibe gerade reiben. Mit einem Küchenmesser in die Kante jeder Halbkugel zwei kleine, sich gegenüberliegende Einkerbungen schneiden.

3. Je die Hälfte der steifen Glasur braun einfärben, Rest weiß lassen. Die Esspapieroblaten mit wenig weißer Glasur in die Mitte von zwei Halbkugeln kleben, glatt streichen und trocknen lassen. Etwas Goldpuder auf die Mitte der gewölbten Seite der restlichen Halbkugeln pinseln. Die weiße Glasur zu Konturenglasur verdünnen und in einen Papierspritzbeutel füllen. Immer 2 Halbkugeln identisch mit Glasur und Liebesperlen verzieren, sodass die Verzierungen spiegelbildlich sind, wenn die Kugeln zusammengesetzt werden. Die kleinen Ovale weiß umranden, trocknen lassen, dann mit der restlichen weißen, weiter verdünnten Glasur ausfüllen. Alles ca. 5 Stunden trocknen lassen.

4. Die Bänder in die Einkerbungen der Halbkugeln legen [→b]. Auf die Kanten der Halbkugeln steife braune Glasur spritzen und die jeweils zusammengehörenden Halbkugeln vorsichtig zusammenkleben, sodass die Einkerbungen aufeinanderliegen. Die Fugen zwischen den zusammengesetzten Halbkugeln mit brauner Glasur füllen und glatt streichen. Zum Schluss die Bänder direkt unterhalb der Kugeln jeweils zwischen 2 Ovale legen und diese mit Eiweiß-Spritzglasur zusammenkleben, trocknen lassen.

MEIN TIPP AUS DER BACKSTUBE

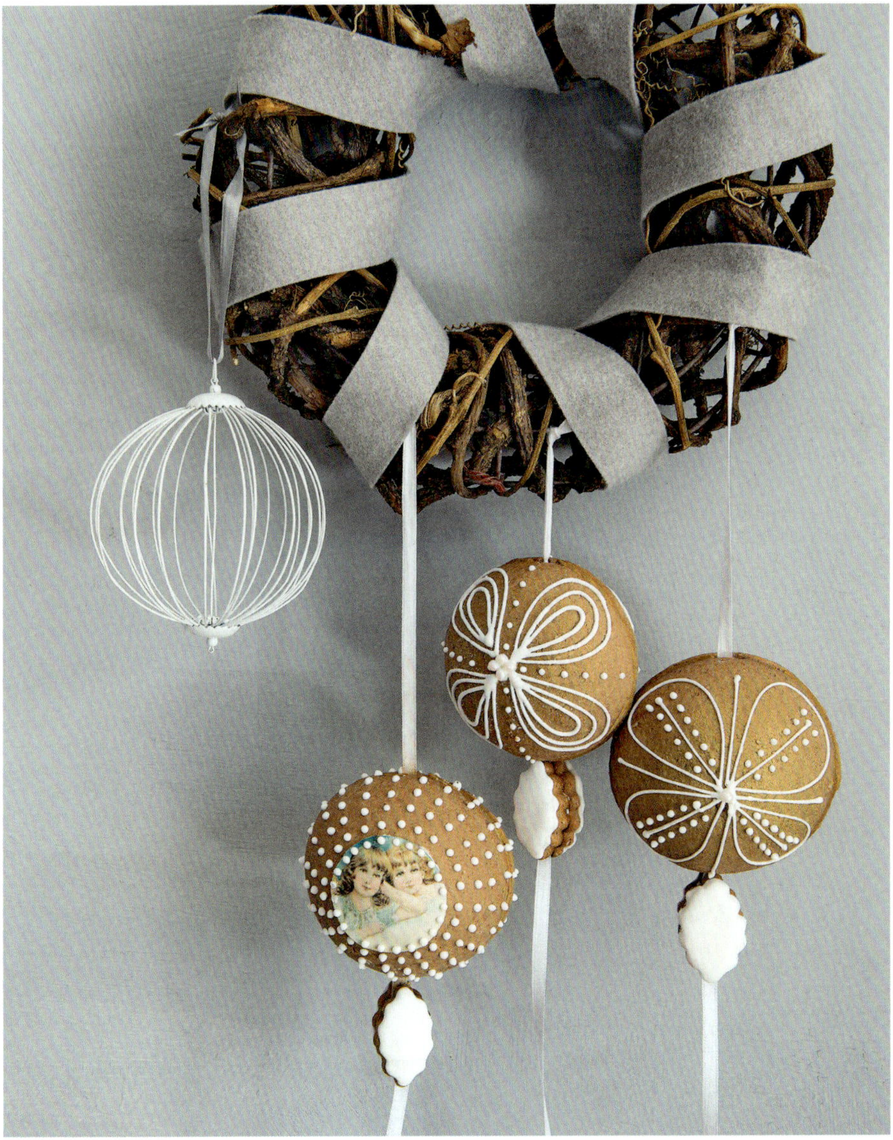

[a] HALBKUGELN BACKEN Die Silikonformen so umdrehen, dass die gewölbte Seite nach oben zeigt. Die rohen Teigkreise mittig auf die Halbkugeln legen und leicht an die Form drücken.

[b] BÄNDER In jedes Geschenkband im oberen Drittel einen dicken Knoten binden und durch diesen einen halben Zahnstocher stechen. Jedes Band in die Einkerbungen einer Weihnachtshalbkugel legen, sodass der Knoten mit dem Zahnstocher direkt unterhalb der oberen Einkerbung liegt. So kann das Band nicht aus der Kugel rutschen.

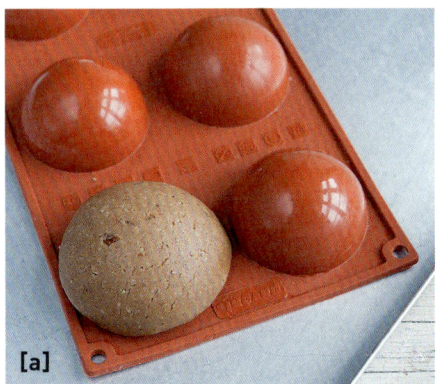

[a]

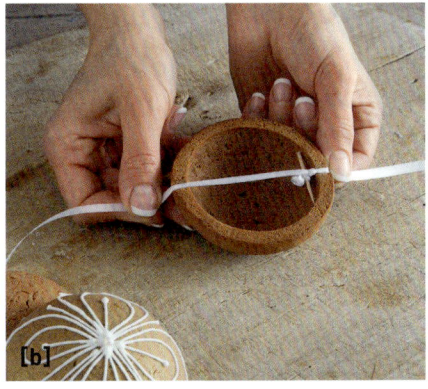

[b]

kekskunst
das schönste geschenk

DEKORIERTE KEKSE SIND EIGENTLICH WIE
EIN SCHÖNER BLUMENSTRAUSS: SIE SIND
DEKORATIV UND DAS PASSENDE GESCHENK
ZU JEDEM ANLASS. NUR IN EINEM PUNKT
SIND SIE BLUMEN VORAUS: SIE SCHMECKEN
AUCH NOCH KÖSTLICH!

blumen-kekse
traumhaft schön

AUF MEINER LETZTEN REISE NACH ENGLAND WURDE ICH ZU DIESEN KEKSEN
INSPIRIERT. ZURÜCK ZU HAUSE MUSSTE ICH SIE GLEICH AUSPROBIEREN.

Für ca. 15 Kekse

½ Rezept heller Mürbeteig
(siehe Seite 14/15)

Ausstecher: Kreis (ca. 4 – 5 cm Ø)

Für die Dekoration

½ Rezept steife Glasur
(siehe Seite 18/19)

Konturenfarben: gelb, pink

Ausfüllfarbe: pink

2 Papierspritzbeutel

1 Spritzflasche

6 Blätter rosafarbenes Reispapier

Schablonen: Blüten in 3 verschiedenen Größen (siehe Seite 134)

1 Lebensmittelstift
(z. B. aus dem Tortenfachgeschäft)

Schmetterlinge und Blumen
aus Reispapier (im Internet
erhältlich, siehe Seite 142)

Zeitbedarf
• ca. 2 Stunden dekorieren
• über Nacht trocknen

So geht's

1. In einem Schälchen 1 EL steife Glasur gelb, die übrige steife Glasur pink einfärben. Beide Farben zu Konturenlasur verdünnen. Die gelbe Glasur abdecken, von der pinkfarbenen Glasur 2 EL in einen Papierspritzbeutel füllen. Die restliche pinkfarbene Glasur mit Wasser zu einer Ausfüllglasur verrühren und abdecken. Alle Kekstaler mit der pinkfarbenen Konturenglasur umranden, 5 Minuten trocknen lassen, dann mit Ausfüllglasur ausfüllen. Über Nacht trocknen lassen.

2. Blütenschablonen in 3 unterschiedlichen Größen aus dünnem Pappkarton ausschneiden. Schablonenumrisse mit einem Lebensmittelstift auf das Reispapier aufzeichnen. Für jeden Keks werden pro Blütengröße 2 Blüten benötigt (insgesamt 6 Blüten pro Keks). Die Blüten mit den Fingernägeln vorsichtig ausreißen.

3. Zuerst eine große Reispapierblüte mit einem Tupfen Eiweiß-Spritzglasur in der Mitte eines Kekstalers festkleben. Die zweite große Blüte mit Glasur auf die erste Blüte kleben, aber etwas versetzt, damit sich die Blütenblätter nicht überlappen. Als Nächstes die mittleren und zum Schluss die kleinen Blüten mit Eiweiß-Spritzglasur aufkleben. Die Blüten in der Mitte etwas mit dem Zeigefinger andrücken, bis sie vollständig festkleben.

4. Mit gelber Konturenglasur Blütenstempel in die Mitte der Blumenkekse spritzen. Die Blüten und Schmetterlinge aus Reispapier vorsichtig mit der Schere ausschneiden und nach Belieben mit einem Tupfen Eiweiß-Spritzglasur auf die Kekse kleben.

MEIN TIPP | BLÜTENFORMEN Natürlich können Sie nach Belieben auch andere Blütenformen aus Reispapier herstellen. Ihrer Kreativität sind keine Grenzen gesetzt.

geburtstags-kekse
bunter kinderspaß

DIESE KEKSE SIND NICHT NUR EINE SCHÖNE TISCHDEKORATION
FÜR DEN GEBURTSTAGSTISCH, SONDERN AUCH EIN TOLLES
GIVE-AWAY FÜR DIE KLEINEN GÄSTE.

Für ca. 25 Kekse

1 Rezept dunkler Mürbeteig
(siehe Seite 14/15)

Ausstecher: Dreieck (ca. 7 x 9 cm,
für Wimpel), Ballon, Kerze, Torte

1 Trinkhalm

Für die Dekoration

1 Rezept steife Glasur
(siehe Seite 18/19)

Konturenfarbe: rot, grün, blau,
weiß

Ausfüllfarbe: rot, grün, blau, weiß

8 – 10 Papierspritzbeutel

rotes Geschenkband

Zeitbedarf

• ca. 1 Stunde dekorieren
• über Nacht trocknen

So geht's

Glasur: Die steife Glasur auf 4 Schälchen verteilen und einen Teil rot, grün und blau einfärben. Ein Teil bleibt weiß. Alle Glasuren tröpfchenweise mit Wasser verdünnen, bis die gewünschte Konturenglasur-Konsistenz erreicht ist. Von jeder Glasur 1 EL abnehmen. Die restlichen Glasuren mit Wasser zu Ausfüllglasuren verrühren. Alle Glasuren abdecken und erst kurz vor dem Gebrauch in Papierspritzbeutel füllen.

Wimpel, Ballons: Für die Wimpel vor dem Backen mit einem Trinkhalm aus jedem Dreieck 2 Löcher für die Aufhängung stechen. Die Wimpel mit jeweils einer der Konturenglasuren umranden, 5 Minuten trocknen lassen. Alle Kekse mit der entsprechenden Ausfüllglasur ausfüllen. In die roten, grünen und blauen Wimpel nach dem Ausfüllen sofort Tupfen mit weißer Ausfüllglasur, in die weißen Wimpel Tupfen mit roter Ausfüllglasur spritzen. Trocknen lassen und die Wimpel auf ein Stück Geschenkband fädeln. Die Ballons nach dem gleichen Prinzip dekorieren. Einfarbige Ballons mit weißer Konturenglasur beschriften.

Kerzen: Für das Muster zuerst die Umrisse der weißen Flächen mit Konturenglasur aufspritzen, 5 Minuten trocknen lassen, ausfüllen und trocknen lassen. Die restlichen Flächen der Kerze nach dem gleichen Prinzip bunt dekorieren. Zum Schluss je eine Flamme mit grüner oder blauer Ausfüllglasur aufspritzen.

Torte: Untere Etage mit blauer Konturenglasur umranden, trocknen lassen und mit blauer Ausfüllglasur füllen. Sofort mit grüner Ausfüllglasur Streifen hineinmalen, trocknen lassen. Mit roter Konturenfarbe die Umrandungen der zweiten Etage aufspritzen, mit roter Ausfüllglasur füllen und sofort weiße Tupfen aus Ausfüllglasur hineinsetzen. Nach dem Trocknen die Kerzen mit weißer Ausfüllglasur aufspritzen, trocknen lassen. Zum Schluss Flammen aus roter Ausfüllglasur aufspritzen.

Happy Birthday

Henk & Henri
handmade biscuits
HALLOWEEN
Cookies

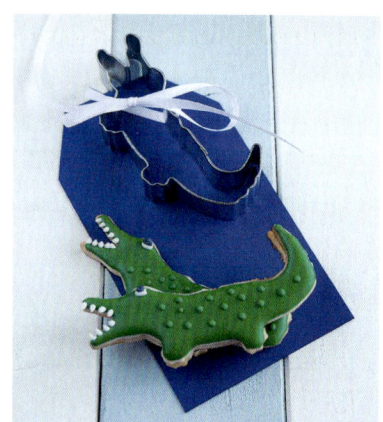

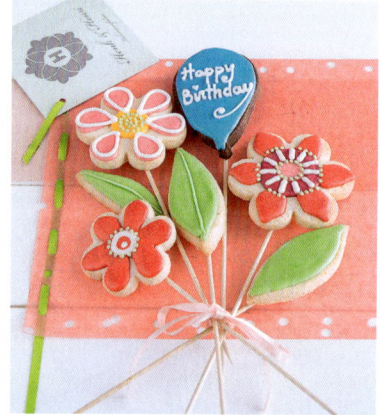

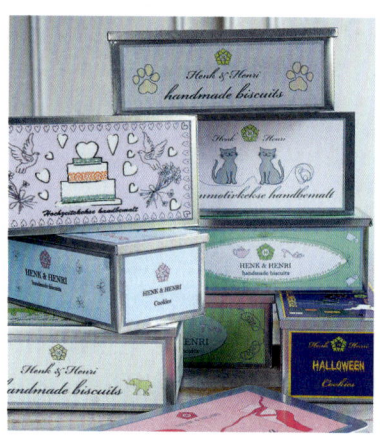

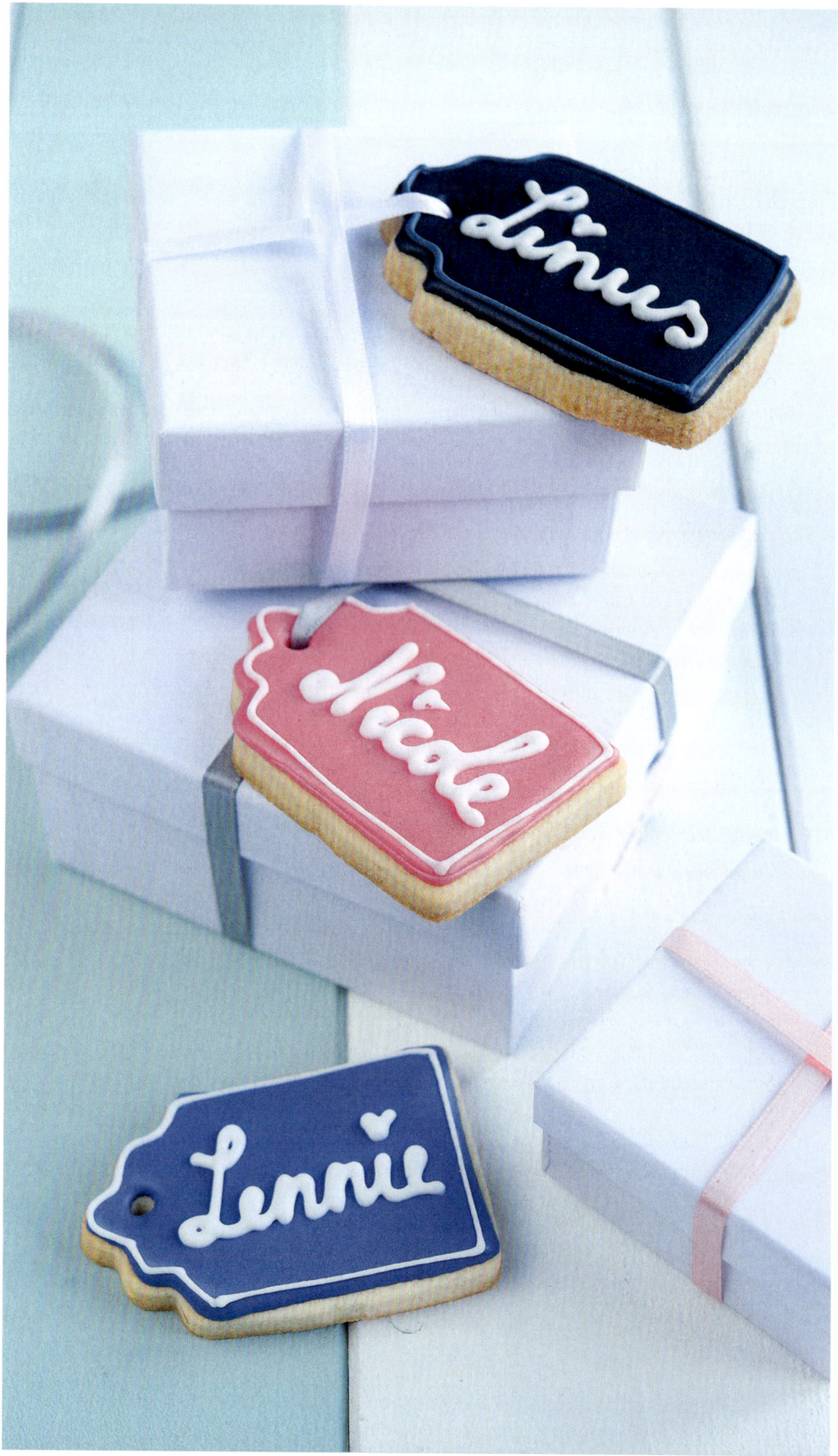
Linus
Nicole
Lennie

schenken macht freude
individuell und kreativ

ANLÄSSE, ZU DENEN MAN LIEBEN MENSCHEN EIN GESCHENK MACHEN KANN, GIBT ES IMMER – SEI ES DER GEBURTSTAG DER MUTTER, DIE TAUFE DES PATENKINDES ODER DIE HOCHZEIT DER BESTEN FREUNDIN.

INDIVIDUALITÄT KOMMT AN

Etwas ganz Besonderes soll es sein, individuell und liebevoll. Eine Flasche Wein, ein Gutschein oder ein Blumenstrauß gehören da schon nicht mehr dazu. Darum nehmen immer mehr Menschen gerne die Idee auf, ausgefallene, handdekorierte Kekse zu verschenken. Hier kann man für den Beschenkten je nach Anlass und persönlichem Geschmack genau den richtigen Keks auswählen.

PASSEND FÜR JEDEN ANLASS

Der Fantasie sind fast keine Grenzen gesetzt. Statt einer schweren Sahnetorte dürfen es bunte Kekse in Tortenform sein. Ein Keks, dekoriert wie ein kleines liebevoll verpacktes Geschenk, trägt auch noch den Namen des Beschenkten. Die Fashionista freut sich über die neuste Modekollektion in Keksform. Frisch gebackenen Eltern überreicht man eine Babybox mit Schnuller-, Lätzchen- und Fläschchenkeksen in zarten Pastelltönen. Und für große Feste sind Platzkärtchen aus Keksen mit den Namen der Gäste ein echter Hingucker und gleichzeitig eine süße Überraschung.

WERDEN SIE KREATIV

Lassen Sie sich von den Vorlieben des Beschenkten inspirieren: Was mag er gerne, was interessiert ihn, welche Hobbys hat er und was ist ihm gerade besonders wichtig? Versuchen Sie seine Lieblingsfarbe herauszufinden oder stimmen Sie die Dekoration farblich auf das Geschenkthema ab. Oder lassen Sie sich doch mal bei einem Gang durch ein Haushaltswarengeschäft inspirieren. Es gibt inzwischen so viele verschiedene, oft auch wirklich witzige Ausstechformen, da fällt Ihnen bestimmt was ein. Wer würde sich über gefährliche grüne Krokodilkekse freuen oder einen bunten Geburtstagsstrauß zum Vernaschen?

HÜBSCH VERPACKT

Natürlich darf zum Schluss eine schöne Verpackung nicht fehlen. Eine Keksdose liegt natürlich nahe, aber auch da dürfen Sie kreativ werden: ein schönes Glas, eine hübsche Schale, ein witzig beklebter Karton oder eine verzierte Schachtel geben den Keksen ebenfalls den passenden Rahmen. Ein paar Ideen dazu finden Sie auf Seite 130–133.

baby-kekse
zur geburt oder taufe

ICH FAND ES IMMER SCHÖN, NACH DER GEBURT AUCH MIT EINER KLEINIG-
KEIT BEGLÜCKWÜNSCHT ZU WERDEN. DA SIND FRISCHGEBACKENE KEKSE
FÜR FRISCHGEBACKENE ELTERN GENAU DAS RICHTIGE.

Für ca. 25 mittelgroße Kekse

1 Rezept heller Mürbeteig mit
Zitronenschale (siehe Seite 14/15)

Ausstecher: Milchflasche,
Babyschuh/-söckchen, Würfel,
Strampler, Rassel, Teddybären

Für die Dekoration

1 Rezept steife Glasur
(siehe Seite 18/19)

Konturenfarben: grau, weiß

Ausfüllfarben: grau, weiß

4–6 Papierspritzbeutel

Zeitbedarf
• ca. 1 Stunde dekorieren
• über Nacht trocknen

So geht's

Glasur: Die steife Glasur in 2 Schälchen verteilen und einen Teil grau
einfärben. Beide Glasuren zu Konturenglasur verdünnen und jeweils 1 EL abnehmen. Die restlichen Glasuren mit Wasser zu Ausfüllglasuren verrühren. Alle Glasuren abdecken und erst kurz vor
dem Gebrauch in Papierspritzbeutel füllen.

Milchflasche, Babyschuh: Die Umrisse des Flaschendrehverschlus-
ses mit grauer Konturenglasur aufspritzen, trocknen lassen. Mit
grauer Ausfüllglasur ausfüllen und trocknen lassen. Die restlichen
Flaschenteile mit den weißen Glasuren genauso dekorieren. Nach
dem Trocknen Details mit weißer Konturenglasur aufspritzen. Den
Babyschuh nach dem gleichen Prinzip dekorieren.

Würfel: Die Flächen des Würfels mit weißer Konturenglasur umranden, 5 Minuten trocknen lassen. Eine Fläche nach der anderen mit
weißer Ausfüllglasur ausfüllen, dazwischen immer ca. 1 Stunde
trocknen lassen. Am nächsten Tag das Gerüst des Würfels mit
grauer Konturenglasur nachzeichnen sowie die Umrisse eines
Buchstabens aufspritzen und ausfüllen.

Strampler, Rassel, Teddybär: Die Außenkonturen mit grauer Konturenglasur aufspritzen, 5 Minuten trocknen lassen. Alle Kekse
flächig mit grauer Ausfüllglasur füllen und trocknen lassen. Den
Kragen des Stramplers mit weißer Konturenglasur aufspritzen,
ausfüllen, trocknen lassen. Kragenrüschen, Knöpfe, Rasselverzie-
rungen sowie Ohren, Augen und Schnauze des Bären mit weißer
Konturenglasur aufspritzen, trocknen lassen. Zum Schluss beim
Bären Pupillen und die Schnauzendetails mit grauer Konturenglasur aufspritzen.

Söckchen: Auf das Söckchen mit grauer Konturenglasur ein Strickmuster aufspritzen. Die Schleife nach dem Trocknen mit weißer
Konturenglasur einzeichnen.

MEIN TIPP
AUS DER
BACKSTUBE

[a] FORMEN ZUSAMMENSETZEN Den Elefanten und das Rechteck wie ein Puzzle zusammensetzen, sodass eine Figur entsteht.

[b] RÄDER ANKLEBEN Je 2 Kreise am äußeren Rand des Rechtecks anbringen. Dafür die Kreise erst auf einer Seite ankleben und ca. 1 Stunde trocknen lassen. Dann den Elefanten umdrehen und die Kreise auf dieser Seite ankleben. Den Aufsteller im Liegen trocknen lassen.

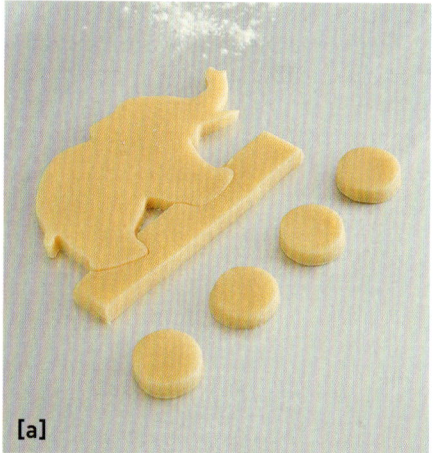

[a]

[b]

elefanten-keks

als tischaufsteller

FÜR KINDERGEBURTSTAGE HABE ICH DIESEN AUFSTELLER
AUCH SCHON IN ENTENFORM HERGESTELLT. ZUR TAUFE SOLL
DER ELEFANT DEN KINDERN GLÜCK BRINGEN.

Für 3 Aufsteller

½ Rezept heller Mürbeteig mit
Orangenschale (siehe Seite
14/15)

Schablonen: Elefant, Rechteck,
Rad (alle Seite 135)

Für die Dekoration

½ Rezept steife Glasur
(siehe Seite 18/19)

Konturenfarben: anthrazit,
mintgrün, hellgrau

Ausfüllfarben: mintgrün, hellgrau

5–7 Papierspritzbeutel

Zeitbedarf
• ca. 2 Stunden dekorieren
• über Nacht trocknen

So geht's

1. Pro Elefanten-Aufsteller mithilfe der Schablonen 1 Elefant,
1 Rechteck und 4 Räder aus dem Teig ausschneiden und auf ein
mit Backpapier belegtes Blech legen. Aus dem Rechteck mithilfe
der Elefantenschablone ca. 1 cm tiefe Einkerbungen in Form der
Elefantenfüße schneiden – nicht zu tief, damit das Rechteck stabil
bleibt und nicht so leicht bricht. Den Elefant und das Rechteck zusammensetzen [→a]. Alle Kekse backen und auskühlen lassen.

2. Aus der steifen Glasur 1 EL anthrazitfarbene Konturenglasur herstellen. Die restliche Eiweiß-Spritzglasur auf 2 Schälchen verteilen, mintgrün und hellgrau einfärben und ebenfalls mit wenig
Wasser zu Konturenglasuren verdünnen. Alle Glasuren abdecken
und erst kurz vor dem Gebrauch in Papierspritzbeutel füllen.

3. Die Außenkonturen des Elefanten und die der Räder mit mint-
grüner Konturenglasur aufspritzen, 5 Minuten trocknen lassen.
Die mintgrüne Glasur weiter zu Ausfüllglasur verdünnen und den
Elefanten damit ausfüllen, trocknen lassen.

4. Mit hellgrauer Konturenglasur das Rechteck umranden, die Umrisse des Elefanten nachzeichnen und das Ohr aufspritzen. Die
restliche Glasur zu Ausfüllglasur verrühren und die Räder und das
Rechteck damit ausfüllen. Alles über Nacht trocknen lassen.

5. Mit anthrazitfarbener Konturenglasur das Elefantenauge sowie
auf jedes Rad eine Nabe aufspritzen, trocknen lassen.

6. Auf beiden Seiten des Elefanten-Aufstellers mit einem Tupfen
Eiweiß-Spritzglasur je 2 Kreise als Räder kleben [→b].

medaillon-kekse
und kekstörtchen

DIESE BESONDERS IN ENGLAND BELIEBTEN KEKSTÖRTCHEN UND CAMEOKEKSE GEHÖREN ZU MEINEN LIEBSTEN DEKORATIONEN AUF EINEM HOCHZEITSTISCH.

Für 3 Törtchen und ca. 4 Medaillon-Kekse

1 Rezept heller Mürbeteig mit Zitronenschale (siehe Seite 14/15)

Ausstecher: Oval (ca. 8 cm), 3er-Set Kreise (4, 6, 8 cm Ø)

Für die Dekoration

½ Rezept steife Glasur (siehe Seite 18/19)

Konturenfarben: mintgrün, weiß

Ausfüllfarbe: mintgrün

3–4 Papierspritzbeutel

1 Cameo-Silikonform (im Internet erhältlich, siehe Seite 142)

etwas Maisstärke

50 g weißer Rollfondant (z. B. aus dem Tortenfachgeschäft)

4 EL Aprikosengelee

12 kleine weiße und 3 kleine rosa Zuckerrosen (siehe Seite 34/35)

Zeitbedarf
• ca. 1 Stunde dekorieren
• 24 Stunden trocknen

So geht's

Glasur: In einem Schälchen 2 EL steife Glasur tröpfchenweise mit Wasser zu Konturenglasur verdünnen. Die übrige Glasur mintgrün einfärben und daraus ebenfalls 2 EL Konturenglasur herstellen. Die restliche mintgrüne Glasur mit wenig Wasser zu Ausfüllglasur verrühren. Alle Glasuren abdecken und erst kurz vor dem Gebrauch in Papierspritzbeutel füllen.

Medaillonkekse: Die ovalen Kekse mit mintgrüner Konturenglasur umranden, 5 Minuten trocknen lassen, dann mit mintgrüner Ausfüllglasur füllen. 24 Stunden trocknen lassen. Die Mulden der Cameo-Silikonform mit etwas Maisstärke bestäuben. Aus dem Rollfondant 4 Kugeln formen, die etwa die Größe der Mulden haben. Die Kugeln in die Mulden der Silikonform drücken und glatt streichen. Rollfondantreste außerhalb der Mulden mit einem kleinen Messer wegschneiden. Cameos vorsichtig aus der Form herausdrücken und 24 Stunden trocknen lassen. In die Mitte jedes Medaillon-Kekses einen Cameo mit einem Tupfen Eiweiß-Spritzglasur kleben. Mit weißer Konturenglasur kleine Perlen um die Cameos und auf den Rand der Kekse spritzen.

Kekstörtchen: Für ein Törtchen werden 2 runde Kekse jeder Größe benötigt (insgesamt 6 Kekse). 3 Kekse jeder Größe mit mintgrüner Konturenglasur umranden, dabei am Rand etwas Platz für die spätere Verzierung lassen. 5 Minuten trocknen lassen. Kreise mit mintgrüner Ausfüllglasur füllen und 24 Stunden trocknen lassen. Je einen undekorierten und dekorierten Keks der gleichen Größe mit etwas erwärmtem Aprikosengelee zusammenkleben. Dann die Doppelkekse mit Eiweiß-Spritzglasur zu einer Etagen-Torte übereinandersetzen. Mit weißer Konturenglasur Perlen auf die Ränder der unteren beiden Etagen spritzen. Auf die oberen Kekse Zuckerrosen mit Eiweiß-Spritzglasur kleben.

namens-kekse
platzkärtchen zum vernaschen

DIESE KEKSE SIND EIN SCHÖNER WILLKOMMENSGRUSS, PLATZKÄRTCHEN UND EIN TOLLES GIVE-AWAY, DAS IHREN GÄSTEN AUCH AM TAG NACH DER EINLADUNG NOCH EIN LÄCHELN INS GESICHT ZAUBERT.

Für 8 – 10 große Kekse

1 Rezept heller Mürbeteig mit Rosenblüten (siehe Seite 14/15)

Ausstecher: Namenschilder

Für die Dekoration

½ Rezept steife Glasur (siehe Seite 18/19)

Konturenfarben: creme, anthrazit

Ausfüllfarben: creme, anthrazit

etwas Wodka

je 3 TL Glanzpuder gold und silber (z. B. aus dem Tortenfachgeschäft)

1 Pinsel

4 – 6 Papierspritzbeutel

2 Spritzflaschen

Zeitbedarf
• ca. 2 Stunden dekorieren
• 24 Stunden trocknen

So geht's

Glasur: Die steife Glasur auf 2 Schälchen verteilen und je einen Teil cremefarben und anthrazit einfärben. Beide Glasuren tröpfchenweise mit Wasser verdünnen, bis die gewünschte Konturenglasur-Konsistenz erreicht ist. Von jeder Glasur 1 EL abnehmen, abdecken und erst kurz vor dem Gebrauch in Papierspritzbeutel geben. Die übrigen Glasuren mit Wasser zu Ausfüllglasuren verrühren und in Spritzflaschen füllen.

Schilder in Creme: Die Außenkontur mit cremefarbener Konturenglasur aufspritzen, 5 Minuten trocknen lassen. Die Kekse flächig mit cremefarbener Ausfüllglasur füllen – Lücken zur Kontur mit einem Holzstäbchen schließen. Die Kekse über Nacht trocknen lassen. Auf jeden Keks mit cremefarbener Konturenglasur einen Namen schreiben und den Keksumriss nachzeichnen, trocknen lassen. Sehr wenig Wodka und etwas Goldpuder mit einem Pinsel mischen und die Namen und Rahmen damit anmalen.

Schilder in Dunkelgrau: Die Außenkontur mit anthrazitfarbener Konturenglasur aufspritzen, 5 Minuten trocknen lassen. Die Kekse flächig mit Ausfüllglasur in Anthrazit füllen – Lücken zur Kontur mit einem Holzstäbchen schließen. Die Kekse über Nacht trocknen lassen. Auf jeden Keks mit cremefarbener Konturenglasur einen Namen schreiben und den Keksumriss nachzeichnen, trocknen lassen. Sehr wenig Wodka und etwas Silberpuder mit einem Pinsel mischen und die Namen und Rahmen damit anmalen.

brush embroidery
pinselkunst

DIESE TECHNIK SIEHT BEEINDRUCKEND AUS, IST ABER RECHT EINFACH ZU LERNEN. MIT EIN BISSCHEN ÜBUNG KÖNNEN SIE DAMIT AUCH AN ANDEREN MOTIVEN TOLLE EFFEKTE ERZIELEN.

Für ca. 12 große Kekse

1 Rezept heller Mürbeteig mit Orangenschale und Kardamom (siehe Seite 14/15)

Ausstecher: Kreis (ca. 10 cm Ø)

Für die Dekoration

1 Rezept steife Glasur (siehe Seite 18/19)

Konturenfarben: lila, weiß

Ausfüllfarben: lila, weiß

2–4 Papierspritzbeutel

1 Spritzflasche

1 dünner Pinsel

kleine weiße Liebesperlen (z. B. aus dem Tortenfachgeschäft)

Zeitbedarf
• ca. 2 Stunden dekorieren
• 24 Stunden trocknen

So geht's

1. In einem Schälchen 3 EL steife Glasur tröpfchenweise mit Wasser verdünnen, bis die gewünschte Konsistenz für Konturen erreicht ist, abdecken. Die restliche Glasur lila einfärben und daraus ebenfalls Konturenglasuren herstellen, 1 EL in einen Papierspritzbeutel füllen und die restliche Glasur abdecken. Alle Kekse mit lilafarbener Konturenglasur umranden und trocknen lassen.

2. Die restliche lilafarbene Glasur vorsichtig mit Wasser zu Ausfüllglasur verdünnen. In eine Spritzflasche geben und die Kekse damit ausfüllen. Dabei darauf achten, dass die Oberfläche schön glatt ist. Alle Kekse gut 24 Stunden trocknen lassen.

3. Auf die Kekse mit weißer Konturenglasur nacheinander Umrisse von Blütenblättern und Blättern aufspritzen [→a]. Mit einem leicht angefeuchteten Pinsel die Konturenglasur nach innen zur Blüten- oder Blattmitte streichen und trocknen lassen. Nach dem gleichen Prinzip eine weitere Blüte in die fertige Blüte malen, trocknen lassen. Für einen Blütenstempel mit weißer Konturenglasur einen Tupfen in die Blütenmitte spritzen und mit weißen Liebesperlen berieseln. Zu viele Perlen einfach abschütteln.

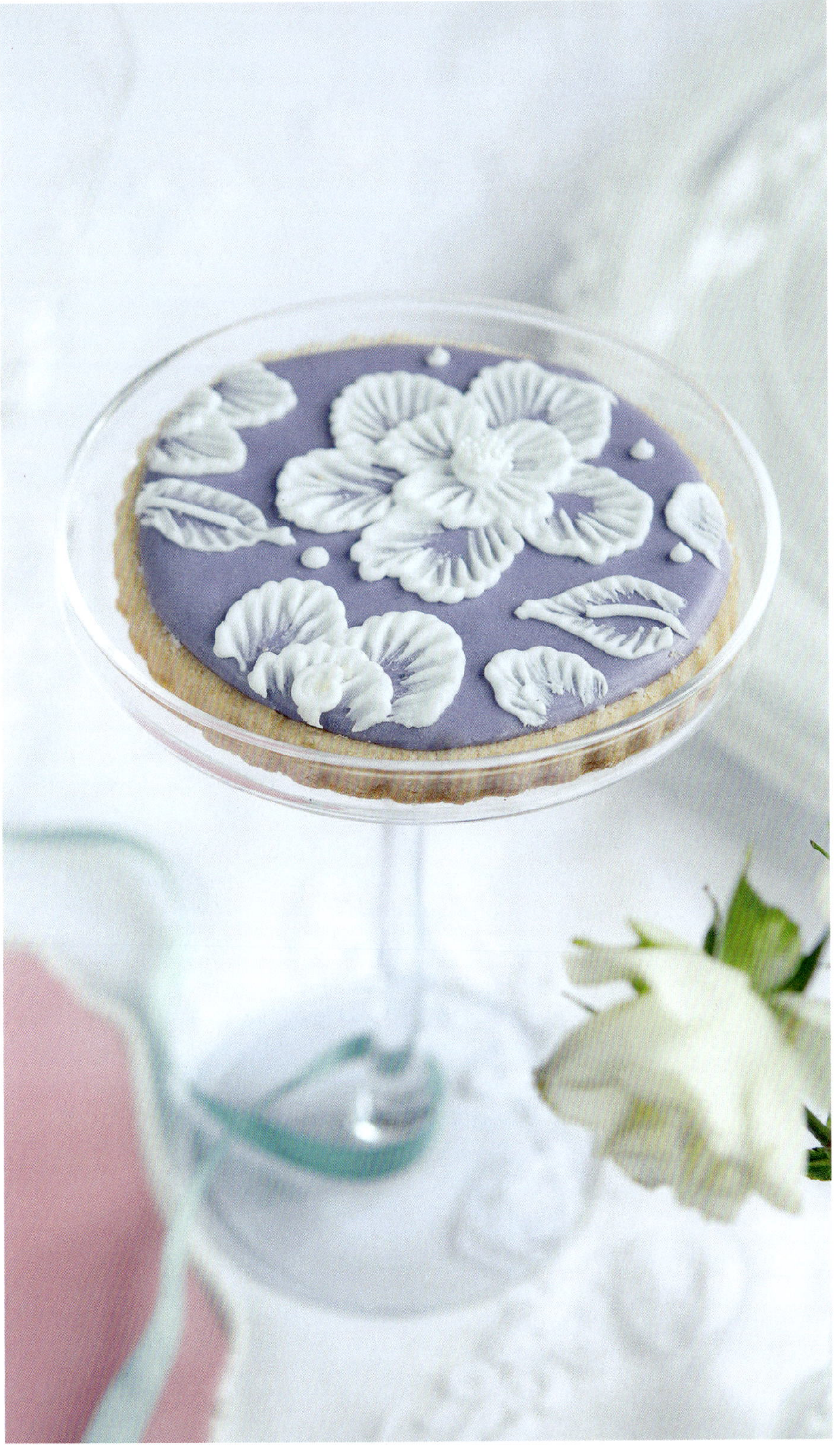

MEIN TIPP AUS DER BACKSTUBE

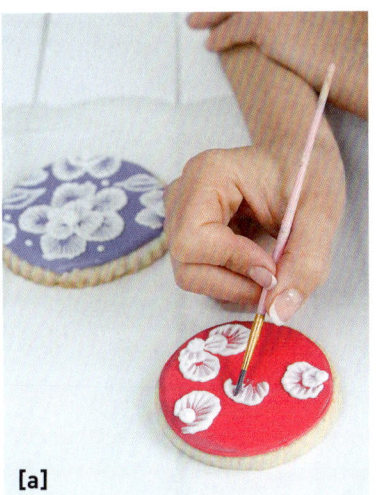

[a] STEP BY STEP Spritzen Sie immer nur ein Blütenblatt oder Blatt nach dem andern auf einen Keks auf und wenden Sie sofort die Pinseltechnik an. Sonst trocknen die Umrisse aus Konturenglasur aus und die Glasur lässt sich nicht mehr mit dem Pinsel verstreichen.

[a]

abc-kekse
zum ersten schultag

JEDES MAL, WENN ICH DIESE KEKSE VERSCHENKE, FREUE ICH MICH
ÜBER DIE LEUCHTENDEN KINDERAUGEN. AUCH MEINE SÖHNE HENK
UND HENRI HABEN SIE ZUR EINSCHULUNG BEKOMMEN.

Für ca. 25–30 Kekse

1 Rezept dunkler Mürbeteig
(siehe Seite 14/15)

Ausstecher: Buchstaben, Bleistift, Rechteck (ca. 8 x 5 cm, für die Tafel), Schultüte,
Schultasche, Schreibheft

Für die Dekoration

1 Rezept steife Glasur (siehe Seite 18/19)

Konturenfarben: braun, schwarz, blau, weiß

Ausfüllfarben: schwarz, rot, grün, blau,
braun, weiß

10 Papierspritzbeutel

1 dünner, blauer Lebensmittelstift
(z. B. aus dem Tortenfachgeschäft)

Zeitbedarf
• ca. 2 Stunden dekorieren
• über Nacht trocknen

In 4 Schälchen je 2 EL steife Glasur füllen und
je einen Teil braun, schwarz und blau einfärben, einen Teil weiß lassen. Dann tropfenweise
Wasser unterrühren, bis die gewünschte Konturenglasur-Konsistenz erreicht ist. In 6 weiteren Schälchen je 2 EL Eiweiß-Spritzglasur in
den Farben Schwarz, Rot, Grün, Blau und
Braun einfärben, einen Teil weiß lassen. Diese
Farben mit wenig Wasser zu Ausfüllglasuren
verdünnen. Alle Farben abdecken und kurz vor
dem Gebrauch in Papierspritzbeutel füllen.

TAFEL
So geht's: Die rechteckigen Kekse mit schwarzer Konturenglasur umranden, 5 Minuten
trocknen lassen. Tafelfläche mit schwarzer
Ausfüllglasur füllen, trocknen lassen. Für den
Rahmen die Konturen der Tafelfläche mit
brauner Ausfüllglasur nachfahren. Die Tafel
mit weißer Konturenglasur beschriften. Über
Nacht trocknen lassen.

BLEISTIFT

So geht's: Die Konturen des Schafts, der Spitze und des Radiergummis mit weißer Konturenglasur aufspritzen, 5 Minuten trocknen lassen. Den Radiergummi mit roter und die Spitze mit brauner Ausfüllglasur füllen, trocknen lassen. Den Schaft mit blauer Ausfüllglasur ausmalen und mit weißer Ausfüllglasur sofort Streifen einzeichnen. Die Minenspitze mit schwarzer Ausfüllglasur aufspritzen. Über Nacht trocknen lassen.

BUCHSTABEN

So geht's: Die Außen- und Innenkonturen der Buchstabenkekse mit weißer Konturenglasur umranden, 5 Minuten trocknen lassen. Den Buchstaben A mit roter Ausfüllglasur füllen und sofort mit weißer Ausfüllglasur Tupfen hineinspritzen. Den Buchstaben B mit blauer Ausfüllglasur füllen und mit weißer Ausfüllglasur sofort Streifen hineinmalen. Den Buchstaben C mit blauer Ausfüllglasur füllen. Über Nacht trocknen lassen.

SCHULTÜTE

So geht's: Die Umrandung mit weißer Konturenglasur aufspritzen, 5 Minuten trocknen lassen. Den Kegel der Schultüte mit blauer Ausfüllglasur füllen und sofort mit weißer Ausfüllglasur Punkte hineinspritzen. Den Verschluss der Tüte grün ausfüllen, trocknen lassen. Eine Schleife aus weißer Konturenglasur aufzeichnen. Über Nacht trocknen lassen.

SCHULTASCHE

So geht's: Den Henkel sowie die Konturen einer Schultasche entlang der Innenprägungen mit weißer Konturenglasur aufspritzen, 5 Minuten trocknen lassen. Die Flächen innerhalb der Konturen mit brauner Ausfüllglasur ausfüllen, trocknen lassen. Schnallen mit weißer Konturenglasur aufmalen. Über Nacht trocknen lassen.

SCHREIBHEFT

So geht's: Die Umrisse der Buchseiten entlang der Innenprägungen mit weißer Konturenglasur aufspritzen, 5 Minuten trocknen lassen. Die Buchseiten mit weißer Ausfüllglasur füllen. Über Nacht trocknen lassen. Mit dem Lebensmittelstift in das Heft schreiben.

get-well-kekse
besser als jede medizin

MIT LECKEREN KEKSEN HABE ICH MEINE JUNGS SCHON IMMER WIEDER FIT BEKOMMEN. ABER AUCH BEI DER EINWEIHUNG DER ARZTPRAXIS MEINER FREUNDIN PETRA HABEN SIE BEGEISTERUNG AUSGELÖST.

Für ca. 20 Kekse

1 Rezept heller Mürbeteig (siehe Seit 14/15)

Ausstecher: Spritze, Arztkittel, Kreise und Ovale in verschiedenen Größen (für Thermometer, Pflaster, Pillen), Krankenwagen

Für die Dekoration

1 Rezept steife Glasur (siehe Seite 18/19)

Konturenfarben: hautfarben, schwarz, weiß

Ausfüllfarben: hautfarben, türkis, schwarz, rot, weiß

8 – 10 Papierspritzbeutel

Zeitbedarf
• ca. 2 Stunden dekorieren
• über Nacht trocknen

So geht's

Glasur: 3 EL steife Glasur hautfarben und 2 EL steife Glasur schwarz einfärben. Beide Glasuren mit Wasser zu Konturenglasur verdünnen, dann 1 EL abnehmen. Aus den übrigen eingefärbten Glasuren sowie aus jeweils 2 weiteren EL rot und türkis eingefärbter steifer Glasur Ausfüllglasuren herstellen. Die restliche weiße Eiweiß-Spritzglasur zu Konturenglasur verrühren und 2 EL abnehmen. Aus der übrigen weißen Glasur Ausfüllglasur anrühren. Alle Glasuren abdecken.

Spritzen, Kittel, Thermometer: Die Spritzen und Hemden mit weißer Konturenglasur umranden. Auf die großen ovalen Kekse die Umrisse eines Thermometers aufspritzen, 5 Minuten trocknen lassen. Alle Motive mit weißer Ausfüllglasur ausfüllen, trocknen lassen. Mit schwarzer Konturenglasur Details aufzeichnen.

Pillen, Tabletten: Kleine Kreise und Ovale mit weißer Konturenglasur umranden. In die Pillen einen zusätzlichen Querstrich malen, 5 Minuten trocknen lassen. Die Tabletten und eine Hälfte der Pillen mit weißer Ausfüllglasur füllen, trocknen lassen. Die zweite Hälfte der Pillen mit türkisfarbener Glasur füllen.

Pflaster: Die mittelgroßen ovalen Kekse mit hautfarbener Konturenglasur umranden und mit Querstrichen in 3 Felder aufteilen, 5 Minuten trocknen lassen. Zuerst die beiden äußeren Felder ausfüllen, trocknen lassen, dann das mittlere Feld ausmalen. Nach dem Trocknen Punkte aufspritzen.

Krankenwagen: Mit weißer Konturenglasur umranden und die Umrisse der Fenster und des Kreuzes einzeichnen, trocknen lassen. Das Auto mit weißer Ausfüllglasur ausmalen, trocknen lassen. Die Fenster mit türkisfarbener und das Kreuz mit roter Ausfüllglasur füllen. Reifen mit schwarzer Glasur umranden und ausfüllen. Nach dem Trocknen Felgen mit weißer Glasur aufspritzen.

kekskunst
für trendsetter

DURCH DIE MODEBRANCHE HABE ICH EIN
GESCHULTES AUGE FÜR TRENDS. AUCH ALS
KEKSDESIGNERIN BIN ICH IMMER AUF DER
SUCHE NACH NEUEN IDEEN UND FARBEN,
DIE ICH ZUM BEISPIEL AUF MESSEN ODER IM
AUSLAND AUFSPÜRE.

prêt-à-porter-kekse
für fashionitas

ALS MODEDESIGNERIN HABE ICH NATÜRLICH EIN FAIBLE FÜR MODE-
KEKSE. ZU MEINER GROSSEN FREUDE KONNTE ICH SCHON FÜR VIELE
NAMHAFTE MODEFIRMEN KEKSKOLLEKTIONEN ENTWERFEN.

Für ca. 25 Kekse

1 Rezept heller Mürbeteig
(siehe Seite 14/15)

Ausstecher: Kleid, T-Shirt, Rock,
Schuhe, Tasche, Trägershirt

Für die Dekoration

1 Rezept steife Glasur
(siehe Seite 18/19)

Konturenfarben: nougat, rosé,
weiß

Ausfüllfarben: nougat, rosé, weiß

steife Glasur: rosa

6 – 8 Papierspritzbeutel

1 kleine Sterntülle für Blumen

Zeitbedarf
- ca. 2 Stunden dekorieren
- über Nacht trocknen

So geht's

Glasur: Für die Blumen 1 EL steife Glasur rosa einfärben. In 3 Schälchen je 4 EL steife Glasur verteilen und je einen Teil nougat und
rosé einfärben, einen Teil weiß lassen. Alle 3 Glasuren mit Wasser
zu Konturenglasur verdünnen, dann je 1 EL abnehmen. Aus den
restlichen Glasuren Ausfüllglasuren herstellen. Alle Glasuren
abdecken und kurz vor Gebrauch in Spritzbeutel füllen.

Kleid und V-Shirt in Rosé: Die Außenkonturen des Kleids und die
Umrisse des Shirts mit weißer Konturenglasur umranden, 5 Minu-
ten trocknen lassen, dann mit Ausfüllglasur in Rosé füllen. In das
Kleid mit weißer Ausfüllglasur sofort Blumenmuster spritzen.
Kekse trocknen lassen. Mit der Sterntülle eine Blume aus rosafar-
bener steifer Glasur auf das Kleid spritzen.

Kleid und Rock in Weiß: Konturen mit weißer Konturenglasur auf-
spritzen, 5 Minuten trocknen lassen. Kekse flächig mit weißer
Ausfüllglasur füllen, trocknen lassen. Tupfen und Blumen nach
Belieben mit Ausfüllglasur in Rosé oder Nougat aufmalen.

Schuhe, Taschen: Mit nougatfarbener Konturenglasur die Umrisse
der Schuhe und die Konturen der Tasche entlang der Innenprä-
gung aufspritzen. Für ein zweifarbiges Taschenmodell den oberen
Teil auslassen. Flächen mit der gleichfarbigen Ausfüllglasur ausfüllen, trocknen lassen. Den oberen Teil der zweifarbigen Tasche
mit weißer Konturenglasur umranden, 5 Minuten trocknen lassen,
ausfüllen und wieder trocknen lassen. Taschen und Schuhe mit
Blumen aus rosafarbener steifer Glasur verzieren.

Trägershirt: Die Außenkonturen mit nougatfarbener Konturenglasur
aufspritzen, 5 Minuten trocknen lassen, dann mit nougatfarbener
Ausfüllglasur füllen. Mit weißer Ausfüllglasur sofort Streifen in
das Shirt malen.

primaballerina-kekse
für große und kleine tänzerinnen

ÜBER DIESE KEKSE WURDE SCHON IN DEM TOLLEN FOOD-MAGAZIN „SWEET PAUL" BERICHTET. DARAUFHIN HABE ICH MEINE BALLERINABOX KREIERT.

Für ca. 8 – 10 Kekse

½ Rezept heller Mürbeteig mit Zitronenschale (siehe Seite 14/15)

Schablonen: Tutu und kleiner Ballerinaschuh (siehe Seite 135), großer Ballerinaschuh

1 Trinkhalm

Für die Dekoration

½ Rezept steife Glasur (siehe Seite 18/19)

Konturenfarben: lachs, creme

Ausfüllfarben: lachs, creme

4 – 6 Papierspritzbeutel

rosa Geschenkband

Zeitbedarf
• ca. 1,5 Stunden dekorieren
• über Nacht trocknen

So geht's

Glasur: Die steife Glasur in 2 Schälchen verteilen und je ein Drittel cremefarben und zwei Drittel lachsfarben einfärben. Die lachsfarbene Glasur tröpfchenweise mit Wasser zu Konturenglasur verdünnen, dann 1 EL abnehmen. Die restlichen beiden Glasuren mit Wasser zu Ausfüllglasuren verrühren. Alle Glasuren abdecken, erst kurz vor Gebrauch in Papierspritzbeutel füllen.

Tutu: Die Umrisse des Oberteils und des Tutus mit lachsfarbener Konturenglasur umranden, 5 Minuten trocknen lassen. Das Oberteil mit cremefarbener Ausfüllglasur ausfüllen, trocknen lassen, dann das Tutu lachsfarben ausmalen. Nach dem Trocknen die Träger und Details mit lachsfarbener Konturenglasur auf das Tutu aufspritzen.

Ballerinaschuhe: Vor dem Backen mit einem Trinkhalm in jeden Schuh ein Loch für die Aufhängung stechen. Die Umrisse der Schuhe und Bänder mit lachsfarbener Konturenglasur aufspritzen, 5 Minuten trocknen lassen. Die Flächen innerhalb der Konturen mit lachsfarbener Ausfüllglasur ausfüllen und trocknen lassen. Durch das Loch in jeden Ballerinaschuh ein Stück Geschenkband fädeln und zusammenbinden.

make-up-kekse
für schönheitsköniginnen

FÜR FIRMEN AUS DER KOSMETIKBRANCHE HABE ICH SCHON WUNDER-
SCHÖNE KEKSE IN FLAKON- UND TIEGELFORMEN ENTWICKELT.

Für ca. 20 Kekse

1 Rezept heller Mürbeteig
(siehe Seite 14/15)

Ausstecher: Quadrat (ca. 7 x 7 cm,
für Puderdose), Rechteck
(ca. 3,5 x 7 cm, für Nagellack)

Schablonen: Lippenstift, Maskara, Make-up (alle Seite 136)

Für die Dekoration

1 Rezept steife Glasur
(siehe Seite 18/19)

Konturenfarben: rot, pink, lila,
grün, schwarz, hautfarben

Ausfüllfarben: weiß, rot, pink, lila,
blau, schwarz, hautfarben

12 – 14 Papierspritzbeutel

etwas Wodka

3 TL Glanzpuder gold (z. B. aus
dem Tortenfachgeschäft)

1 Pinsel

Zeitbedarf
• ca. 1,5 Stunden dekorieren
• 24 Stunden trocknen

So geht's

Glasur: Aus 1 EL steifer Glasur weiße Ausfüllglasur herstellen. Die übrige steife Glasur auf 6 Schälchen verteilen und je einen Teil rot, pink, lila, grün, schwarz und hautfarben einfärben. Alle Farben tröpfchenweise mit Wasser verdünnen, bis die gewünschte Konturenglasur-Konsistenz erreicht ist. Von jeder Glasur 2 EL abnehmen. Die restlichen Glasuren mit Wasser zu Ausfüllglasuren verrühren. Alle Glasuren abdecken und erst kurz vor dem Gebrauch in Papierspritzbeutel füllen.

Lippenstift, Nagellacke: Die Umrisse des Lippenstiftgehäuses und der Nagellackdeckel mit schwarzer Konturenglasur auf die Kekse zeichnen, 5 Minuten trocknen lassen. Flächen mit schwarzer Ausfüllglasur füllen und trocknen lassen. Die Lippenstiftspitzen und Nagellackfläschchen nach Belieben mit knalligen Konturenglasuren umranden, 5 Minuten trocknen lassen, dann mit der entsprechenden Ausfüllglasur ausmalen. Auf die Nagellackfläschchen mit weißer Ausfüllglasur sofort einen Streifen spritzen. Nach dem Trocknen wenig Wodka und Goldpuder mit einem Pinsel mischen und das Lippenstiftgehäuse damit ausmalen.

Maskara: Die Bürste und die Umrisse des Maskaragriffs und -behälters mit schwarzer Konturenglasur aufzeichnen, 5 Minuten trocknen lassen. Die Flächen mit schwarzer Ausfüllglasur füllen, trocknen lassen. Wenig Wodka und Goldpuder mit einem Pinsel mischen und den Maskaragriff damit anmalen.

Puder, Make-up: Die Außenkonturen der Puderdose mit schwarzer Konturenglasur umranden und zusätzlich einen Kreis für das Puder in die Mitte aufspritzen, 5 Minuten trocknen lassen. Den Kreis mit hautfarbener Ausfüllglasur füllen, trocknen lassen. Die Puderdose mit schwarzer Ausfüllglasur ausfüllen. Die Make-up-Flasche nach dem gleichen Prinzip dekorieren.

Prêt-à-porter

dessous-kekse
bitte vernaschen!

OB RETRO ODER MODERN, FOLGEN SIE IHREM EIGENEN
GESCHMACK BEIM ENTWURF IHRER DESSOUS-KEKSE.

Für ca. 25 Kekse

1 Rezept heller Mürbeteig
(siehe Seite 14/15)

Ausstecher: Badeanzug

Schablone: BH und Höschen
(siehe Seite 136)

Für die Dekoration

1 Rezept steife Glasur
(siehe Seite 18/19)

Konturenfarben: anthrazit,
apricot

Ausfüllfarben: weiß, anthrazit,
apricot

5 – 7 Papierspritzbeutel

etwas Wodka

1 TL Glanzpuder silber (z. B. aus
dem Tortenfachgeschäft)

1 Pinsel

Zeitbedarf
• ca. 1,5 Stunden dekorieren
• 24 Stunden trocknen

So geht's

Glasur: Aus 1 EL steifer Glasur weiße Ausfüllglasur herstellen. Die restliche Glasur auf 2 Schälchen verteilen und je einen Teil in Anthrazit und Apricot einfärben. Unter beide Glasuren tröpfchenweise Wasser rühren, bis die gewünschte Konturenglasur-Konsistenz erreicht ist, dann 2 EL abnehmen. Die restlichen Glasuren mit wenig Wasser zu Ausfüllglasuren verdünnen. Alle Glasuren abdecken und erst kurz vor dem Gebrauch in Spritzbeutel füllen.

Zweiteiler und Einteiler in Anthrazit oder Apricot: Die Umrisse der Mieder, der Höschen und der Oberteile mit anthrazit- oder apricotfarbener Konturenglasur auf die Kekse zeichnen, 5 Minuten trocknen, dann mit der entsprechenden Ausfüllglasur füllen. Trocknen lassen. Mit anthrazit- oder apricotfarbener Konturenglasur Details wie Träger, Nähte und Spitzen aufspritzen, trocknen lassen. Wenig Wodka und Glanzpuder mit einem Pinsel mischen und die anthrazitfarbenen Dessous nach Belieben verzieren.

Zweiteiler in Apricot mit Tupfen: Die Umrisse der Höschen und der Mieder mit apricotfarbener Konturenglasur auf die Kekse in Badeanzugform aufspritzen, 5 Minuten trocknen lassen. Die Flächen mit apricotfarbener Ausfüllglasur füllen und mit weißer Ausfüllglasur sofort Tupfen hineinspritzen, trocknen lassen. Details mit apricotfarbener Konturenglasur ergänzen.

teatime-kekse
immer eine gute idee

LONDON WAR FÜR EIN HALBES JAHR MEIN ZUHAUSE. DORT HABE ICH DIE TRADITIONELLE ENGLISCHE TEATIME LIEBEN GELERNT. STATT KLASSISCHEM TEEGEBÄCK SERVIERE ICH MEINE TEATIME-KEKSE DAZU.

Für ca. 12 Kekse

½ Rezept heller Mürbeteig mit Zitronenschale (siehe Seite 14/15)

Ausstecher: Teekanne, Tasse, Kreis (ca. 3 cm, für Cakepops), Cupcake

Für die Dekoration

½ Rezept steife Glasur (siehe Seite 18/19)

Konturenfarben: mintgrün, rosa, weiß

Ausfüllfarben: mintgrün, rosa, weiß

6 Papierspritzbeutel

3 EL Wodka

etwas Glanzpuder gold

Pinsel

kleine Liebesperlen (z. B. aus dem Tortenfachgeschäft)

2–3 Lollisticks (z. B. aus dem Tortenfachgeschäft)

Zeitbedarf
• ca. 3 Stunden dekorieren
• über Nacht trocknen

So geht's

Glasur: Zwei Drittel der steifen Glasur in einem Schälchen mintgrün einfärben. Die restliche Glasur auf weitere 2 Schälchen verteilen, eine Hälfte rosa einfärben, die andere Hälfte weiß lassen. Alle Glasuren mit wenig Wasser zu Konturenglasuren verdünnen. Von jeder Glasur 1 EL in einen Papierspritzbeutel füllen. Aus den restlichen Glasuren Ausfüllglasuren herstellen und abdecken. Zum Ausfüllen der Kekse später ebenfalls in Papierspritzbeutel geben.

Teekanne, Tasse getupft: Konturen der Kanne und Tasse mit mintgrüner Konturenglasur aufspritzen, 5 Minuten trocknen lassen. Flächen mit mintgrüner Ausfüllglasur ausfüllen und sofort mit weißer Ausfüllglasur Tupfen hineinspritzen, trocknen lassen. Mit mintgrüner Konturenglasur Henkel und Verzierungen aufspritzen.

Teekanne, Tasse mit Gold: Kekse wie oben umranden und zusätzlich einen Kreis in die Mitte der Kanne und Tasse zeichnen, 5 Minuten trocknen lassen. Kreisflächen mit weißer Ausfüllglasur füllen, trocknen lassen. Restliche Flächen mintgrün füllen, trocknen lassen. Henkel und Verzierungen mit weißer Konturenglasur aufspritzen, trocknen lassen. Wenig Wodka und Goldpuder mit einem Pinsel mischen und die Kreisflächen, die Henkel und den Teekannenknopf damit anmalen.

Cakepop: Für die Cakepops in die rohen Teigkreise je einen Lollistick drücken und mitbacken. Cakepops mit rosa Konturenglasur umranden, trocknen lassen. Kreise mit rosa Ausfüllglasur füllen, 3 Minuten trocknen lassen, dann mit Liebesperlen berieseln.

Cupcake: Nacheinander die Umrisse des Cupcakeförmchens mit weißer und die des Toppings mit rosa Konturenglasur umranden, jede Kontur 5 Minuten trocknen lassen. Flächen innerhalb der Konturen mit der entsprechenden Ausfüllglasur ausfüllen, trocknen lassen. Details auf dem Förmchen und dem Topping mit rosa und mintgrüner Konturenglasur aufspritzen.

torten-träume

in keksform

HABEN SIE ES BEMERKT? FÜR DIESE KEKSVIELFALT HABE ICH NUR EINEN EINZIGEN AUSSTECHER VERWENDET. DAMIT MÖCHTE ICH ZEIGEN, WIE KREATIV MAN MIT NUR EINEM MOTIV UMGEHEN KANN.

Für ca. 10 große Tortenkekse

1 Rezept heller Mürbeteig (siehe Seite 14/15)

Ausstecher: vierstöckige Torte

Für die Dekoration

½ Rezept steife Glasur (siehe Seite 18/19)

Konturenfarben: apricot, zartrosa, mintgrün, weiß

Ausfüllfarben: zartrosa, mintgrün, weiß

einige Fondantblümchen in Rosa (z. B. aus dem Tortenfachgeschäft)

7 – 9 Papierspritzbeutel

Zeitbedarf
• ca. 2 Stunden dekorieren
• über Nacht trocknen

So geht's

Glasur: Aus 1 EL steifer Glasur apricotfarbene Konturenglasur herstellen. Die restliche steife Glasur auf 3 Schälchen verteilen und je einen Teil zartrosa und mintgrün einfärben, einen Teil weiß lassen. Alle 3 Glasuren mit wenig Wasser zu Konturenglasuren verrühren und jeweils 1 EL abnehmen. Den Rest zu Ausfüllglasuren verdünnen. Alle Glasuren abdecken und erst kurz vor dem Gebrauch in Papierspritzbeutel füllen.

Dreistöckige Torten: Die Umrisse der Torten mit weißer Konturenglasur aufspritzen. Für eine zweifarbige Torte zusätzlich Trennlinien für die Tortenschichten einzeichnen, 5 Minuten trocknen lassen. Die Torten mit weißer und zartrosa Ausfüllglasur füllen. Bei zweifarbigen Torten zuerst die obere und untere Etage ausfüllen, trocknen lassen, dann die mittlere Etage ausfüllen. Mit mintgrüner Konturenglasur die Umrisse von unterschiedlich geformten Tortenständern aufspritzen, 5 Minuten trocknen. Größere Flächen der Tortenständer mintgrün ausfüllen, trocknen lassen. Details mit mintgrüner Konturenglasur auf die Tortenständer spritzen. Fondantblümchen mit etwas Eiweiß-Spritzglasur auf die vollständig getrockneten Kekse kleben.

Einstöckige Torte in Zartrosa: Den Tortenumriss mit zartrosa Konturenglasur aufspritzen, 5 Minuten trocknen lassen. Die Torte mit zartrosa Ausfüllglasur füllen, trocknen lassen. Den Tortenständer nach dem gleichen Prinzip wie oben aufspritzen. Die Torte mit apricotfarbenen Linien aus Konturenglasur und einem Fondantblümchen verzieren.

Gugelhupf: Die Umrisse und Linien der Gugelhupfform mit weißer Konturenglasur aufspritzen, 5 Minuten trocknen lassen. Die Flächen innerhalb der Konturen mit zartrosa Ausfüllglasur füllen und trocknen lassen. Den Tortenständer nach dem gleichen Prinzip wie oben aufspritzen.

zuckerbäcker-kekse
für naschkatzen

DIESE BUNTEN KEKSE HABE ICH IN ERINNERUNG AN DEN
SÜSSWARENLADEN MEINER TANTE KREIERT. DORT GAB ES
FRÜHER ALLE SÜSSIGKEITEN, DIE EIN KINDERHERZ BEGEHRT.

Für ca. 25 Kekse

1 Rezept heller Mürbeteig
(siehe Seite 14/15)

Ausstecher: Kreise in verschiedenen Größen (für Lollis), kleine
und große Bonbons

Schablonen: Waffeleis
(siehe Seite 136), Eis am Stiel,
Kaugummiautomat

Für die Dekoration

1 Rezept steife Glasur
(siehe Seite 18/19)

Konturenfarben: blau, grün,
rosa, lila, orange, weiß

Ausfüllfarben: blau, grün,
rosa, lila, orange, weiß

12 – 14 Papierspritzbeutel

ca. 10 Lolli- und Eissticks
(z. B. aus dem Tortenfachgeschäft)

Zeitbedarf

• ca. 1,5 Stunden dekorieren
• 24 Stunden trocknen

So geht's

Glasur: Die steife Glasur auf 6 Schälchen verteilen und je einen Teil
blau, grün, rosa, lila und orange einfärben, einen Teil weiß lassen.
Alle Farben zu Konturenglasur verdünnen und von allen Farben
außer Weiß 1 EL abnehmen. Aus den restlichen Glasuren Ausfüllglasuren herstellen. Alle Glasuren abdecken und erst kurz vor
dem Gebrauch in Papierspritzbeutel füllen.

Lollis am Stiel, kleine und große Bonbons: Für die Lollis in die
rohen Teigkreise Lollisticks drücken und mitbacken. Lollis und
Bonbons ganz nach Belieben mit Konturenglasuren in verschiedenen Farben umranden und ausfüllen. In die Lollis und großen
Bonbons mit weißer Ausfüllglasur sofort Spiralen, auf die kleinen
Bonbons einen kleinen Strich malen.

Waffeleis: Für das Waffelmuster mit blauer und grüner Konturenglasur ein Gitter aufspritzen, trocknen lassen. Die Eiskugeln mit
weißer und rosafarbener Ausfüllglasur aufspritzen. Beide Farben
können ruhig etwas ineinander verlaufen, um einen Schmelzeffekt
zu erzielen. Trocknen lassen und zum Schluss mit orangenfarbener Ausfüllglasur eine Kirsche aufspritzen.

Eis am Stiel: Vor dem Backen Eissticks in die ausgestochenen Kekse
drücken. Kekse mit Konturenglasur in Lila, Grün, Rosa und Blau
umranden und mit der entsprechenden Ausfüllglasur füllen.
Um den Schmelzeffekt zu erzielen, sofort weiße Ausfüllglasur
um die abgebissene Stelle herumspritzen.

Kaugummiautomat: Den unteren Körper und den Deckel rosa umranden und ausfüllen, trocknen lassen. Die Umrisse der Kugel in
Blau aufspritzen, blau ausmalen und mit Ausfüllglasuren in verschiedenen Farben sofort kleine Tupfen hineinspritzen. Vollständig
trocknen lassen, dann noch mal Tupfen aufspritzen. Den Spender
mit blauer Ausfüllglasur aufspritzen, trocknen lassen. Zum
Schluss die Details mit Konturenglasur aufzeichnen.

kekskunst
versüßt den alltag

EINKAUFEN, AUFRÄUMEN, HAUSAUFGABEN MACHEN …
WEIL DER ALLTAG STRESSIG GENUG IST, SOLLTEN WIR
IHN UNS VERSÜSSEN, WO ES NUR GEHT. KEKSE HELFEN
MIR UND MEINEN JUNGS DABEI IMMER. VERSUCHEN
SIE ES AUCH MAL!

rosentraum
kekse einfach dekoriert

FÜR DIESE KEKSE HABE ICH MICH VON EINER DEKORATIONS-
TECHNIK AUS DER TORTEN- UND CUPCAKEWELT INSPIRIEREN
LASSEN – EINFACH, ABER BEEINDRUCKEND!

Für ca. 25 Kekse

1 Rezept heller Mürbeteig mit
Zitronenschale (siehe Seite 14/15)

Ausstecher: Kreise
(ca. 6 und 8 cm Ø)

Für die Dekoration

1 Rezept steife Glasur
(siehe Seite 18/19)

Glasurfarben: gelb, apricot,
hellgrün, rosa, mauve

1 große Sterntülle
(z. B. 1 M von Wilton)

5 Plastikspritzbeutel mit Adapter

Zeitbedarf
• ca. 1 Stunde dekorieren
• 24 Stunden trocknen

So geht's

1. Die steife Glasur auf 6 Schälchen verteilen und in den Farben
   Gelb, Apricot, Hellgrün, Rosa und Mauve einfärben. Die Schälchen
   mit Klarsichtfolie abdecken.

2. Die Sterntülle an den Adapter eines Spritzbeutels anschrauben.
   Spritzbeutel bis zur Hälfte mit einer Glasurfarbe füllen. Für eine
   Rosenblüte den Spritzbeutel senkrecht über die Mitte eines Kekstalers halten und die Glasur mit gleichmäßigem Druck kreisförmig
   um die Mitte aufspritzen. Ist der Keks komplett mit Glasur ausgefüllt, den Druck auf den Spritzbeutel beenden, um die Rose
   fertigzustellen.

3. Mit den anderen Glasurfarben nach dem gleichen Prinzip Rosen
   auf die Kekse spritzen. Mindestens 24 Stunden trocknen lassen.

rosa canina

adonis aestivalis

cosmos sulphureus

blüten-kekse
blumig bunt

HIER ZEIGE ICH IHNEN, WIE SIE MIT DREI ODER VIER BLÜTEN-AUSSTECHERN EIN KLEINES BLÜTENMEER ZAUBERN KÖNNEN.

Für ca. 25 Kekse

1 Rezept heller Mürbeteig (siehe Seite 14/15)

Ausstecher: 3–4 Blüten und Blätter in unterschiedlichen Größen

Für die Dekoration

1 Rezept steife Glasur (siehe Seite 18/19)

Konturenfarben: pink, rosa, orange, gelb, grün, weiß

Ausfüllfarben: pink, rosa, orange, gelb, grün, weiß

12–14 Papierspritzbeutel

Zeitbedarf
· ca. 2 Stunden dekorieren
· über Nacht trocknen

So geht's

Glasur: In 6 Schälchen je 5 EL steife Glasur füllen und in Pink, Rosa, Orange, Gelb und Grün einfärben. Ein Teil bleibt weiß. Unter alle Farben tröpfchenweise Wasser rühren, bis die gewünschte Konturenglasur-Konsistenz erreicht ist. Von jeder Glasur 2 EL abnehmen und aus den restlichen Glasuren mit wenig Wasser Ausfüllglasuren herstellen. Alle Glasuren abdecken und erst kurz vor dem Gebrauch in Spritzbeutel füllen.

Blüten: Auf die Kekse mit allen Konturenfarben unterschiedlich geformte Blütenblätter aufspritzen, 5 Minuten trocknen lassen. Die einzelnen Blütenblätter ganz nach Belieben mit Ausfüllglasur füllen – dazu am besten kontrastreiche Farben zu den Konturen wählen. Trocknen lassen. Die Blütenstempel und Blütendetails ebenfalls mit kontrastreichen Konturenglasuren aufzeichnen.

Blätter: Mit grüner Konturenglasur umranden, 5 Minuten trocknen lassen. Die Fläche innerhalb der Konturen mit grüner Ausfüllglasur füllen, trocknen lassen. Mit grüner Konturenglasur die Blattlinien aufspritzen.

MEIN TIPP | BLÜTENFORMEN Die Vielfalt der Blüten kommt neben den unterschiedlichen Farben auch durch die verschiedenen Blütenblätterformen zustande. Zeichnen Sie dafür auf gleich geformte Blütenkekse unterschiedliche Blütenblatt-Konturen.

garten-kekse
alles im grünen bereich

DER AUFTRAG EINER GÄRTNEREI HAT MICH ZU DIESEN KEKSEN INSPIRIERT. ERGÄNZEN SIE DIE MOTIVE GANZ NACH BELIEBEN MIT WEITEREN BUNTEN BLUMENKEKSEN.

Für ca. 35 Kekse

1 Rezept heller Mürbeteig mit Matcha-Tee-Pulver (siehe Seite 14/15)

Schablone: Rechteck (ca. 8 x 3 cm, für Schaufel, Harke, Gabel)

Ausstecher: Schubkarre, Stiefel, Gießkanne, Handschuhe, Blumentopf

Für die Dekoration

1 Rezept steife Glasur (siehe Seite 18/19)

Konturenfarben: dunkelgrün, hellgrün, grau, braun

Ausfüllfarben: pink, orange, dunkelgrün, hellgrün, grau, braun

ca. 10 Papierspritzbeutel

Zeitbedarf
• ca. 2 Stunden dekorieren
• über Nacht trocknen

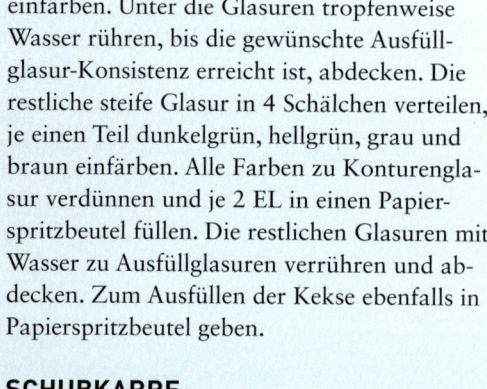

Jeweils 2 EL steife Glasur pink und orange einfärben. Unter die Glasuren tropfenweise Wasser rühren, bis die gewünschte Ausfüllglasur-Konsistenz erreicht ist, abdecken. Die restliche steife Glasur in 4 Schälchen verteilen, je einen Teil dunkelgrün, hellgrün, grau und braun einfärben. Alle Farben zu Konturenglasur verdünnen und je 2 EL in einen Papierspritzbeutel füllen. Die restlichen Glasuren mit Wasser zu Ausfüllglasuren verrühren und abdecken. Zum Ausfüllen der Kekse ebenfalls in Papierspritzbeutel geben.

SCHUBKARRE

So geht's: Die Umrisse einer Schubkarre mit grauer Konturenglasur aufspritzen, 5 Minuten trocknen lassen. Reifen, Fuß und Griff mit grauer Ausfüllkontur füllen, trocknen lassen. Die Schubkarrenfläche mit dunkelgrüner Ausfüllglasur ausmalen, trocknen lassen. Für die Radkappe einen Tupfen aus hellgrüner Ausfüllglasur aufspritzen. Die Details mit grauer Konturenglasur aufzeichnen.

HARKE, SCHAUFEL, GABEL

So geht's: Die Umrisse einer Schaufel, Harke und Gartengabel mit grauer Konturenglasur auf die rechteckigen Kekse aufspritzen, 5 Minuten trocknen lassen. Die Griffe der Geräte mit dunkelgrüner Ausfüllglasur, den Rest mit grauer Ausfüllglasur füllen.

BLUMENTOPF

So geht's: Die Konturen des Topfs mit brauner Konturenglasur aufspritzen, 5 Minuten trocknen lassen. Den Topf mit brauner Ausfüllglasur füllen, trocknen lassen. Die Blätter mit dunkelgrüner Ausfüllglasur aufmalen, trocknen lassen. Zum Schluss die Blüten mit Ausfüllglasur in Pink oder Orange aufspritzen.

STIEFEL, GIESSKANNE

So geht's: Die Außenkonturen mit grauer Konturenglasur aufspritzen, 5 Minuten trocknen lassen. Stiefel mit dunkelgrüner Ausfüllglasur füllen und sofort mit hellgrüner Ausfüllglasur Tupfen hineinspritzen, trocknen lassen. Details mit grauer Konturenglasur aufmalen. Gießkanne nach demselben Prinzip und mit denselben Farben dekorieren.

HANDSCHUHE

So geht's: Die Umrisse der Handschuhe mit grauer Konturenglasur aufspritzen, 5 Minuten trocknen lassen. Nacheinander je einen Handschuh mit hellgrüner und dunkelgrüner Ausfüllglasur füllen, dazwischen trocknen lassen.

auf dem bauernhof
kekse am Stiel

KEKSE AM STIEL SIND FÜR KINDER EIN RIESENSPASS. DIE STIELE WERDEN EINFACH VOR DEM BACKEN IN DEN TEIG GEDRÜCKT.

Für ca. 12 Kekse

1 Rezept heller Mürbeteig (siehe Seite 14/15)

Ausstecher: Gans, Schwein, Huhn, Kuh, Traktor

Für die Dekoration

1 Rezept steife Glasur (siehe Seite 18/19)

Konturenfarben: grau, orange, rosa, schwarz, braun, weiß

Ausfüllfarben: rosa, braun, schwarz, grün, gelb, weiß

12 Lollisticks (z. B. aus dem Tortenfachgeschäft)

12 – 14 Papierspritzbeutel

Zeitbedarf
• ca. 1,5 Stunden dekorieren
• über Nacht trocknen

So geht's

Glasur: In 6 Schälchen je 1 EL steife Glasur grau, orange, rosa, schwarz und braun einfärben, einen Teil weiß lassen. Alle Farben zu Konturenglasuren verdünnen. In 6 weiteren Schälchen aus je 2 EL steifer Glasur und etwas Wasser Ausfüllglasuren in den Farben Rosa, Braun, Schwarz, Grün, Gelb und Weiß herstellen. Alle Glasuren abdecken und erst kurz vor dem Gebrauch in Papierspritzbeutel füllen.

Gans: Die Köperkontur mit weißer Konturenglasur aufspritzen und mit weißer Ausfüllglasur füllen, trocknen lassen. Schnabel und Füße mit orangefarbener, das Auge mit grauer Konturenglasur aufspritzen.

Schwein: Mit rosa Konturenglasur umranden und mit rosa Ausfüllglasur ausfüllen, trocknen lassen. Die Umrisse des Schweins mit rosafarbener Konturenglasur nachzeichnen und das Auge mit grauer Konturenglasur aufspritzen.

Huhn: Mit weißer Konturenglasur umranden und mit brauner Ausfüllglasur füllen, trocknen lassen. Den Hahnenkamm mit roter, das Auge mit weißer und schwarzer und die Federdetails mit brauner Konturenglasur aufspritzen.

Kuh: Mit weißer Konturenglasur umranden. Die Flecken mit schwarzer, das Euter und die Schnauze mit rosa Ausfüllglasur aufspritzen, trocknen lassen. Die restliche Fläche mit weißer Ausfüllglasur ausfüllen.

Traktor: Die Außen-, Fenster- und Reifenkonturen mit weißer Ausfüllglasur aufspritzen. Die Karosserie mit grüner Ausfüllglasur ausfüllen, trocknen lassen. Die Reifen schwarz füllen, trocknen lassen. Die Radkappen mit gelber Ausfüllglasur ausmalen und sofort einen Tupfen schwarze Ausfüllglasur in die Mitte spritzen. Traktordetails mit grauer Konturenglasur aufspritzen.

kleine bäcker
voll in ihrem element

BACKEN MIT KINDERN MACHT SPASS! WICHTIG: BEREITEN SIE EIN SOLCHES EVENT GUT VOR. DANN KÖNNEN DIE KLEINEN ZIEMLICH EIGEN-STÄNDIG KEKSE GANZ NACH IHREN EIGENEN VORSTELLUNGEN BACKEN.

GUT VORBEREITET

Die wichtigste Zutat beim Backen mit Kindern: Zeit! Nur so bleiben alle entspannt und können ganz ohne Druck ihre kleinen Kunstwerke schaffen. Und auch das Umfeld sollte stimmen: Mehlspuren, Teigkrümel und Zuckergussklekse sollten erst einmal nicht stören und später einfach wieder beseitigt werden können. Treffen Sie eine Vorauswahl an Keksausstechern, die die Kinder gut handhaben können. Sie sollten zum Beispiel nicht zu filigran sein, damit sich der Teig gut ausstechen lässt und nicht in der Form hängen bleibt. Dann bekommt jeder eine Schürze um und es kann losgehen. Lassen Sie die Kinder alles mitmachen: Zu-taten abwiegen, Teig kneten, ausrollen und natürlich ausstechen. Kinder sind wissbegierig und stolz, wenn sie Dinge, die sie sich vorgenommen haben, erreichen.

SÜSS UND BUNT SOLL ES SEIN

Jungs mögen Piraten, Fußball oder Monster, Mäd-chen dagegen Prinzessinnen, Blüten und Modemoti-ve – es kann aber auch genau umgekehrt sein. Das Verzieren der Kekse sollte bei Kindern schnell zum Erfolg führen. Um die Eiweiß-Spritzglasur aufzusprit-zen, eignen sich deshalb besser Spritzflaschen – sie sind für kleine Kinderhände handlicher als die gefal-teten Papierspritzbeutel.

Das Dekomaterial darf auch recht einfach und natür-lich möglichst bunt sein. Füllen Sie viele kleine Schäl-chen mit bunten Liebesperlen, Schokolinsen, Gummi-bärchen, kleinen Marshmallows. Und dies reichlich, denn zwischendurch muss unbedingt genascht wer-den. Einfach zu verwenden und immer gut für ein kunterbuntes Ergebnis sind Lebensmittelstifte oder Stempel. Damit können die Kinder auf die bereits ge-trocknete Zuckerglasur malen oder mit Lebensmittel-farbe stempeln.

DIE VERPACKUNG ALS KRÖNUNG

Wenn die Kekse fertig dekoriert und getrocknet sind, kann man sie gemeinsam mit den Kindern schön bunt einpacken. Als Verpackungsmaterial eignen sich ein-fache Butterbrottütchen mit dem Namen des Kindes darauf oder auch transparente Tütchen und Boxen, die zum Schluss mit bunten Bändern verschnürt wer-den. So bekommt jedes Kind für seine eigenen Kekse auch noch eine individuelle Verpackung. Wer wäre darauf nicht mächtig stolz?

im märchenwald

kekse, die verzaubern

SCHNELL, EINFACH, SPASS UND SCHOKOLADE! DAS ALLES VERSPRECHEN
DIESE KEKSE. DARUM SIND SIE BEI KINDERN BESONDERS BELIEBT.

Für ca. 15 Kekse

1 Rezept Honiglebkuchen
(siehe Seite 16/17)

Ausstecher: Zwerg, Pilz,
Schnecke, Igel, Baum, Fuchs,
Elch

Für die Dekoration

je ca. 100 g Cake Melts
in Rot, Schwarz, Weiß, Grün,
Orange, Lila

3 Papierspritzbeutel

Zeitbedarf

• ca. 1 Stunde dekorieren
• 2 Stunden trocknen

So geht's

Glasur: Die Cake Melts bei 800 Watt für 2 ½ Minuten in der Mikrowelle erhitzen, dabei zwischendurch immer wieder umrühren. Wer keine Mikrowelle hat, kann die Drops auch über einem Wasserbad schmelzen. Kühlt die Glasur ab und wird zähflüssig, einfach wieder erhitzen. Zum Aufspritzen von Details 1 – 2 EL geschmolzene Cake Melts in einen Papierspritzbeutel füllen. Die dekorierten Kekse auf einem Kuchengitter trocknen lassen. Unter das Kuchengitter am besten ein Stück Backpapier legen, falls noch Glasur abtropft.

Zwerg: Die Mütze in rote, die Stiefel in schwarze Glasur eintauchen. Dazwischen jeweils abtropfen lassen.

Pilz: Den Pilzkopf in rote Glasur tunken, abtropfen und trocknen lassen. Den Pilzstiel in weiße Glasur eintauchen, abtropfen und trocknen lassen. Mit einem Papierspritzbeutel Tupfen aus weißer Glasur auf den Pilzkopf aufspritzen.

Schnecke: Mit einem Papierspritzbeutel das Schneckenhaus und die Fühler mit weißer Glasur aufspritzen. Als Auge einen kleinen Tupfen schwarze Glasur aufspritzen.

Igel: Die Stacheln mit schwarzer Glasur einfärben und abtropfen lassen. Mit weißer und schwarzer Glasur das Auge aufspritzen.

Baum: Die Krone in grüne Glasur eintauchen und abtropfen lassen.

Fuchs: Den Körper in orangefarbene Glasur eintauchen, abtropfen und trocknen lassen. Die Schwanzspitze in weiße Glasur tunken, abtropfen lassen. Die Fellzeichnungen im Gesicht mit weißer Glasur aufspritzen, trocknen lassen. Zum Schluss die Augen mit schwarzer Glasur aufspritzen.

Elch: Komplett in lila Glasur eintauchen, abtropfen, dann trocknen lassen. Mit weißer und schwarzer Glasur das Auge aufspritzen.

fußball-kekse
männertraum

OB AUF DEM RASEN ODER VOR DER MATTSCHEIBE – FUSSBALL BEWEGT MÄNNER-
HERZEN. DARUM HABE ICH EXTRA FÜR DIESES BUCH DIESE KEKSE ENTWORFEN.

Für ca. 25 Kekse

1 Rezept heller Mürbeteig
(siehe Seite 14/15)

Ausstecher: Kreis (ca. 5 cm Ø, für
Fußball), Rechteck (ca. 9 x 6 cm,
für Fußballtor und -feld), Shirt,
Shorts, Fußballschuh

Für die Dekoration

1 Rezept steife Glasur
(siehe Seite 18/19)

Konturenfarben: grün, rot,
schwarz, gelb, weiß

Ausfüllfarben: grün, rot,
schwarz, gelb, weiß

10 – 12 Papierspritzbeutel

Zeitbedarf
• ca. 1 Stunde dekorieren
• 24 Stunden trocknen

So geht's

Glasur: In 5 Schälchen je 3 EL steife Glasur füllen und in Grün, Rot,
Schwarz und Gelb einfärben. Ein Teil bleibt weiß. Alle Farben mit
Wasser zu Konturenglasuren verrühren und jeweils 1 EL abneh-
men. Die restlichen Glasuren weiter zu Ausfüllglasuren verdün-
nen. Alle Glasuren abdecken und erst kurz vor dem Gebrauch in
Papierspritzbeutel füllen.

Fußballtor und -feld: Die Rechtecke mit grüner Konturenglasur umranden, danach mit grüner Ausfüllglasur füllen, trocknen lassen.
Details mit weißer Konturenglasur aufspritzen.

Fußballschuhe: Mit weißer Konturenglasur einfassen, trocknen lassen. Die Schuhe bis auf die Sohle mit weißer Ausfüllglasur füllen,
trocknen lassen. Die Sohle mit schwarzer Ausfüllglasur, Details
mit schwarzer und gelber Konturenglasur aufspritzen.

Fußball: Mit weißer Konturenglasur umranden. Die Sechsecke mit
schwarzer Konturenglasur aufspritzen, 5 Minuten trocknen lassen, dann schwarz ausfüllen. Nach dem Trocknen die restliche
Fläche mit weißer Ausfüllglasur füllen.

Trikot rot: Mit roter Konturenglasur umranden, 5 Minuten trocknen
lassen. Mit roter Ausfüllglasur füllen, trocknen lassen. Die Zahl
und den Kragensaum mit weißer Konturenglasur aufspritzen.

Trikot schwarz, rot, gold: Die Außenkontur und die Trennlinien der
Farbfelder mit weißer Konturenglasur aufspritzen, 5 Minuten
trocknen lassen. Das schwarze und gelbe Feld mit Ausfüllglasur
ausfüllen, trocknen lassen. Zum Schluss das rote Feld ausmalen,
Details mit weißer Konturenglasur aufspritzen.

Trikothosen: Mit schwarzer Konturenglasur umranden, 5 Minuten
trocknen lassen, dann mit schwarzer Ausfüllglasur füllen. Nach
dem Trocknen die Details mit weißer Konturenglasur aufspritzen.

puzzle-kekse
karten & Co.

WENN SIE GERNE ZU SPIELEABENDEN EINLADEN, SIND DIESE KEKSE
GENAU DIE RICHTIGEN: KNABBERSPASS UND TISCHDEKO IN EINEM!

Für ca. 35 Kekse

1 ½ Rezepte heller Mürbeteig (siehe Seite 14/15)

Ausstecher: Puzzleteile, Kreis (ca. 4 cm Ø, für Jetons), Rechtecke (ca. 7 x 4 cm für Spielkarten und ca. 5 x 3 cm für Legosteine)

Für die Dekoration

Lebensmittelfarbe: grün, rot, blau, gelb

Einweghandschuhe

1 Rezept steife Glasur (siehe Seite 18/19)

Konturenfarben: schwarz, rot, grün, blau, weiß

Ausfüllfarben: rot, grün, blau, weiß

9 – 11 Papierspritzbeutel

Zeitbedarf
• ca. 1 Stunde dekorieren
• 24 Stunden trocknen

So geht's

Puzzleteile: Die Hälfte des Teiges in vier gleich große Portionen aufteilen. Jede Portion mit einigen Tropfen Lebensmittelfarbe in Rot, Grün, Blau und Gelb einfärben. Dafür am besten Einmalhandschuhe anziehen und die Farben gründlich in den Teig einkneten. Den Teig wie auf Seite 16/17 beschrieben weiterverarbeiten und bunte Puzzleteile daraus backen.

Glasur: Für die Dekoration der restlichen Kekse 1 EL steife Glasur schwarz einfärben. In 4 weiteren Schälchen je 3 EL steife Glasur rot, grün und blau einfärben, einen Teil weiß lassen. Alle Glasuren zu Konturenglasuren verdünnen. Von den Farben Rot, Grün, Blau und Weiß 1 EL abnehmen und aus den restlichen Glasuren Ausfüllglasuren herstellen. Alle Glasuren abdecken und erst kurz vor dem Gebrauch in Papierspritzbeutel füllen.

Jetons: Mit roter, grüner und blauer Konturenglasur die runden Kekse umranden, 5 Minuten trocknen lassen. Die Kekse mit der entsprechenden Ausfüllglasur füllen, trocknen lassen. Die typischen Jetonsmuster mit weißer Konturenglasur aufspritzen.

Legosteine: Die kleineren rechteckigen Kekse mit Konturenfarben in rot, grün und blau einfassen, trocknen lassen, dann die Kekse mit der entsprechenden Ausfüllglasur flächig füllen. Nach dem Trocknen die Tupfen in der gleichen Farbe aufspritzen.

Spielkarten: Die Konturen der größeren rechteckigen Kekse mit weißer Konturenglasur aufspritzen, 5 Minuten trocknen lassen. Die Karten mit weißer Ausfüllglasur füllen, trocknen lassen. Die Kartensymbole mit schwarzer und roter Konturenfarbe aufzeichnen.

MEIN TIPP | KONTUREN Wem das Herstellen von farbiger Konturenglasur zu aufwendig ist, kann auch alle Kekse mit weißer Konturenglasur umranden. Damit ist Zeit gespart, die Kekse sehen aber genauso schön aus.

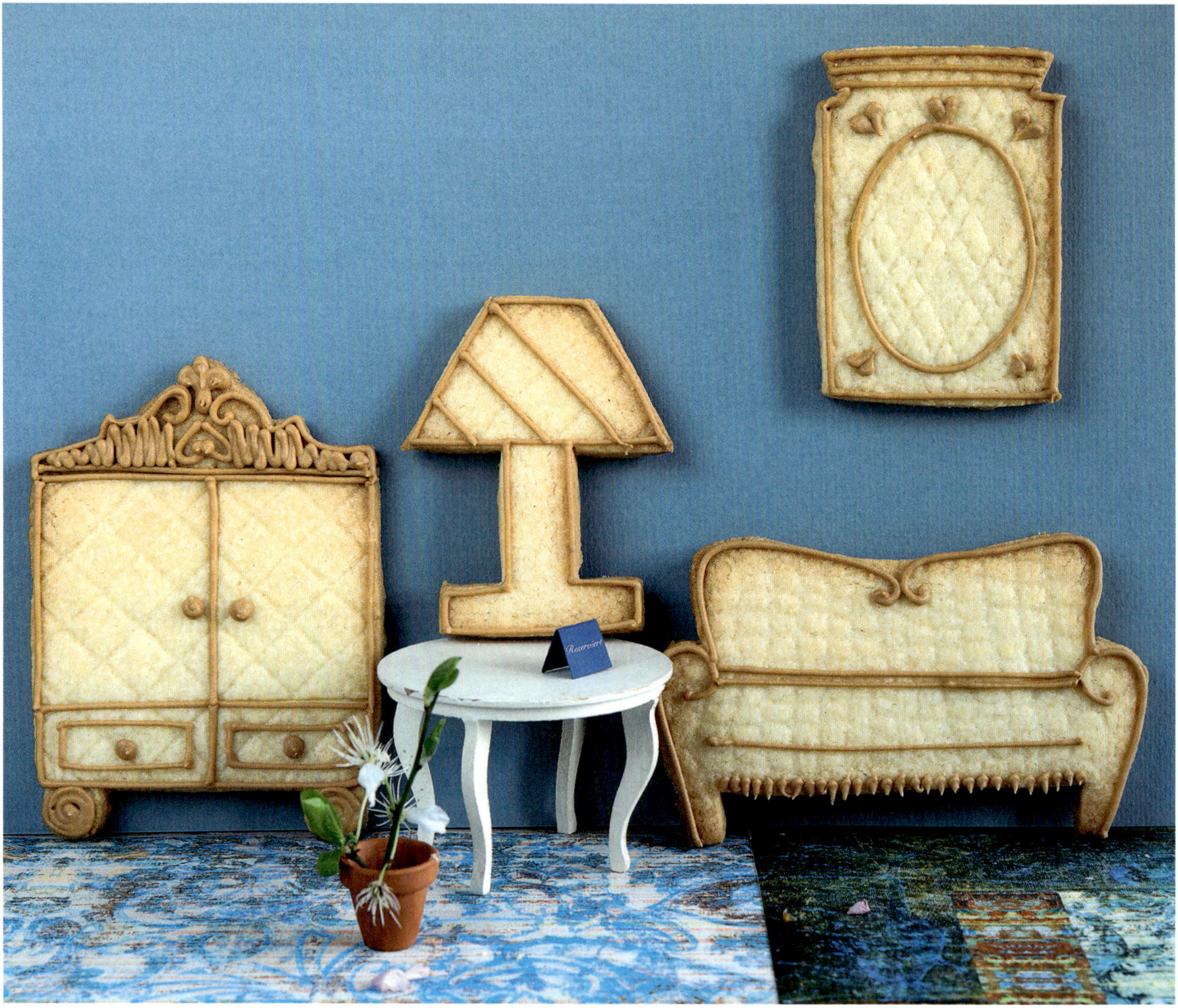

MEIN TIPP
AUS DER
BACKSTUBE

[a] STRUKTURMATTEN Die Matten mit der Struktur nach unten auf den ausgewellten Teig legen. Mit dem Rollstab leicht darüberrollen, sodass eine Struktur in den Teig gedrückt wird, dann die Matte vorsichtig entfernen.

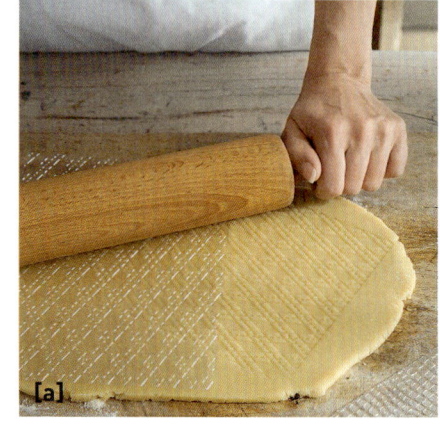

[a]

interior-kekse
einfach beeindruckend

AUF DIESE IDEE BIN ICH DURCH DEN UMZUG VON FREUNDEN
GEKOMMEN. STATT BROT UND SALZ HABE ICH IHNEN DIESE
KEKSE ZUR EINWEIHUNGSFEIER MITGEBRACHT.

Für ca. 8 Kekse

½ Rezept heller Mürbeteig mit Kardamom (siehe Seite 14/15)

3 – 4 verschiedene Strukturmatten aus Plastik (z. B. aus dem Tortenfachgeschäft)

Schablonen: Sofa, Lampe, Spiegel, Schrank (alle Seite 138)

Für die Dekoration

¼ Rezept steife Glasur (siehe Seite 18/19)

Konturenfarbe: braun

2 Papierspritzbeutel

Zeitbedarf
• ca. 45 Minuten dekorieren
• über Nacht trocknen

So geht's

1. Den gekühlten Teig in 3 – 4 Portionen zwischen 2 Ausrollhölzern 5 mm dick ausrollen. Mit den Strukturmatten in jede Teigportion ein anderes Muster drücken [→a].

2. Die Schablonen so auf den Teig legen, dass die Struktur richtig platziert ist. Die Keksform mit einem kleinen Küchenmesser entlang der Schablonenkontur ausschneiden. Dabei die Schablonen nicht zu stark auf den Teig drücken, damit die Strukturen erhalten bleiben. Den restlichen Teig erneut ausrollen, Muster hineindrücken und weitere Kekse ausschneiden. Kekse vor dem Backen 30 Minuten kühlen, so behalten sie beim Backen ihre Form.

3. Inzwischen den Backofen auf 175 °C (Umluft) vorheizen. Die gekühlten Kekse nacheinander im Ofen (Mitte) je nach Größe 12 – 14 Minuten goldbraun backen, herausnehmen und auf Kuchengittern vollständig auskühlen lassen.

4. In einem Schälchen die steife Glasur braun einfärben. Tröpfchenweise mit Wasser verdünnen, bis die gewünschte Konsistenz für Konturenglasur entstanden ist. Die Glasur in einen Papierspritzbeutel füllen und die Möbeldetails damit aufspritzen.

küchen-kekse

ran an den ofen

DIESE KEKSE GEHÖREN ZU MEINEN FAVORITEN. DA ICH KEINE PASSENDEN AUSSTECHER GEFUNDEN HABE, HABE ICH MIR SELBST MOTIVE AUSGEDACHT UND SCHABLONEN GEFERTIGT.

Für ca. 12 Kekse

½ Rezept heller Mürbeteig mit Kardamom (siehe Seite 14/15)

Ausstecher: Rechteck (ca. 7 x 6 cm, für Herd)

Schablonen: Küchenmaschine, Mixer, Messbecher, Waage

Für die Dekoration

½ Rezept steife Glasur (siehe Seite 18/19)

Konturenfarben: mintgrün, anthrazit, weiß

Ausfüllfarben: mintgrün, anthrazit, weiß

6 – 8 Papierspritzbeutel

Zeitbedarf
- ca. 2 Stunden dekorieren
- über Nacht trocknen

So geht's

Glasur: Die steife Glasur in 3 Schälchen verteilen und je einen Teil mintgrün und grau einfärben, einen Teil weiß lassen. Alle Glasuren zu Konturenglasuren verdünnen. Von jeder Glasur 1 EL abnehmen und die restlichen Glasuren zu Ausfüllglasuren verrühren. Alle Glasuren abdecken und erst kurz vor Gebrauch in Papierspritzbeutel füllen.

Herd: Das Rechteck mit weißer Konturenglasur umranden, 5 Minuten trocknen lassen, dann mit weißer Ausfüllglasur füllen. Nach dem Trocknen das Backofenfenster mit mintgrüner Konturenglasur aufzeichnen. Kontur 5 Minuten trocknen lassen, dann mintgrün ausfüllen, trocknen lassen. Die Details mit anthrazitfarbener Konturenglasur aufspritzen.

Küchenmaschine: Die Umrisse der Küchenmaschine mit mintgrüner, die der Schüssel mit anthrazitfarbener Konturenglasur aufspritzen, 5 Minuten trocknen lassen. Die Flächen mit der entsprechenden Ausfüllglasur füllen, trocknen lassen. Mit Konturenglasur in Anthrazit die Knöpfe und Blende der Maschine aufspritzen.

Mixer: Mit mintgrüner Konturenglasur den Umriss des Mixers aufspritzen, trocknen lassen. Die Fläche innerhalb der Kontur mit mintgrüner Ausfüllglasur füllen, trocknen lassen. Mit anthrazitfarbener Konturenglasur die Details aufspritzen.

Waage: Mintgrüne Außenkonturen aufspritzen, trocknen lassen, dann mintgrün ausfüllen. Nach dem Trocknen mit anthrazitfarbener Konturen- und Ausfüllglasur die Waagschale aufspritzen. Details mit anthrazitfarbener Konturenglasur aufzeichnen.

Messbecher: Die Umrisse des Bechers mit mintgrüner Konturenglasur aufspritzen, 5 Minuten trocknen lassen. Die Fläche innerhalb der Konturen mintgrün ausfüllen, trocknen lassen. Den Henkel und die Messwerte mit weißer Konturenglasur aufspritzen.

küchen-kekse

und weiter geht's

EINMAL DAMIT ANGEFANGEN, KONNTE ICH GAR NICHT MEHR
AUFHÖREN, MIR SCHABLONEN FÜR KÜCHEN-KEKSE AUSZUDENKEN ...

Für ca. 25 Kekse

½ Rezept heller Mürbeteig
(siehe Seite 14/15)

Ausstecher: Handschuh, Schürze, Rechteck
(ca. 7x 6 cm, für Backblech)

Schablonen: Ausrollholz, Schneebesen,
Teigschaber, Schüssel, Spritzbeutel

Für die Dekoration

½ Rezept steife Glasur (siehe Seite 18/19)

Konturenfarben: braun, pink, anthrazit, weiß

Ausfüllfarben: braun, pink, anthrazit, weiß

8 – 10 Papierspritzbeutel

Zeitbedarf
- ca. 1,5 Stunden dekorieren
- über Nacht trocknen

In 4 Schälchen je 4 EL steife Glasur füllen und
in Braun, Pink und Anthrazit einfärben, einen
Teil weiß lassen. Unter alle Farben tröpfchenweise Wasser rühren, bis die gewünschte Konturenglasur-Konsistenz erreicht ist. Von jeder
Glasur 1 EL abnehmen, dann die restlichen
Glasuren mit Wasser zu Ausfüllglasuren verrühren. Alle Glasuren abdecken und erst kurz
vor dem Gebrauch in Spritzbeutel füllen.

HANDSCHUH UND SCHÜRZE
So geht's: Die Kekse mit weißer Konturenglasur umranden. Nach 5 Minuten mit pinkfarbener Ausfüllglasur füllen und sofort Tupfen mit weißer Ausfüllglasur hineinspritzen.
Trocknen lassen. Auf die Schürze mit weißer
Konturenglasur Details wie Gürtel und Bordüren aufspritzen.

BACKBLECH

So geht's: Backblechumrisse und -griffe mit anthrazitfarbener Konturenglasur auf den rechteckigen Keks aufspritzen, 5 Minuten trocknen lassen, dann mit der gleichfarbigen Ausfüllglasur ausfüllen. Auf die getrocknete Glasur mit brauner Konturenglasur Lebkuchengebäck aufspritzen, trocknen lassen. Die Backblechumrisse und Gebäckdetails mit anthrazitfarbener und weißer Konturenglasur aufspritzen.

AUSROLLHOLZ

So geht's: Die Umrisse der Rolle mit brauner Konturenglasur aufspritzen, 5 Minuten trocknen lassen. Die Rolle mit brauner Ausfüllglasur füllen und trocknen lassen. Die Griffe mit anthrazitfarbener Konturenglasur aufspritzen.

SCHNEEBESEN

So geht's: Die Drahtschleifen und die Form des Griffs mit anthrazitfarbener Konturenglasur aufspritzen. Die Glasur 5 Minuten trocknen lassen, dann den Griff mit pinkfarbener Ausfüllglasur füllen.

TEIGSCHABER

So geht's: Den Griff und die Umrisse der Platte mit weißer Konturenglasur aufspritzen. Die Glasur 5 Minuten trocknen lassen, dann den Schaber mit pinkfarbener Ausfüllglasur füllen.

SCHÜSSEL

So geht's: Die Außenkonturen der Schüssel mit weißer Konturenglasur ausspritzen und 5 Minuten trocknen lassen. Die Fläche innerhalb der Konturen mit pinkfarbener Ausfüllglasur füllen. Nach dem Trocknen die Details mit weißer Konturenglasur ergänzen.

SPRITZBEUTEL

So geht's: Mit weißer Konturenglasur umranden, 5 Minuten trocknen lassen. Den Beutel mit weißer und pinkfarbener Ausfüllglasur ausfüllen, trocknen lassen. Mit grauer Konturenglasur Details aufspritzen.

porzellan-kekse
abwasch nicht nötig

ICH FINDE ES SPANNEND, GEGENSTÄNDE DES TÄGLICHEN GEBRAUCHS
EINFACH MAL IN KEKSFORM UMZUSETZEN. EIN LACHER IST GARANTIERT.

Für 2 Teller und Besteck

1 ½ Rezept heller Mürbeteig mit Orangenschale (siehe Seite 14/15)

Ausstecher: Gabel, Messer, Löffel

Schablonen: Kreise in 2 Größen (ca. 18 und 22 cm Ø für Teller)

Für die Dekoration

1 Rezept steife Glasur (siehe Seite 18/19)

Konturenfarben: blau, weiß

Ausfüllfarben: blau, weiß

2–4 Papierspritzbeutel

2 Spritzflaschen

Zeitbedarf

- ca. 2 Stunden dekorieren
- 24 Stunden trocknen

So geht's

Glasur: Die steife Glasur auf 2 Schalen verteilen und einen Teil blau einfärben, den andere Teil weiß lassen. Unter beide Glasuren tröpfchenweise Wasser rühren, bis die gewünschte Konturenglasur-Konsistenz erreicht ist. Von jeder Glasur 2 EL abnehmen, abdecken und erst kurz vor dem Gebrauch in Papierspritzbeutel füllen. Die restlichen Glasuren weiter zu Ausfüllglasuren verdünnen und in Spritzflaschen füllen. Übrige Glasuren abdecken.

Messer, Gabel, Löffel: Die Außenkonturen mit weißer Konturenglasur aufspritzen, 5 Minuten trocknen lassen. Alle Kekse mit weißer Ausfüllglasur füllen und sofort mit blauer Konturenglasur Verzierungen aufspritzen.

Weißer Teller: Den Teller mit weißer Konturenglasur einfassen. In die Mitte des Tellers zusätzlich einen Kreise mit ca. 6 cm Ø aufspritzen. Nach 5 Minuten den inneren Kreis mit blauer Ausfüllglasur ausmalen und sofort mit weißer Ausfüllglasur Tupfen hineinsetzen, trocknen lassen. Dann die restliche Fläche mit weißer Ausfüllglasur füllen. Nach dem Trocknen die Verzierungen mit blauer Konturenglasur aufzeichnen.

Blauer Teller: Den Teller mit weißer Konturenglasur einfassen. Einen zweiten Kreis, ca. 2,5 cm von der Tellerkante entfernt, und einen dritten Kreis mit ca. 6 cm Durchmesser in die Mitte aufspritzen. Auf den Tellerrand und in die Mitte runde und ovale Formen mit weißer Konturenglasur spritzen. Alle Konturen 5 Minuten trocknen lassen, dann die Flächen um die runden und ovalen Verzierungen mit weißer Ausfüllglasur füllen und trocknen lassen. Den mittleren Ring mit blauer Ausfüllglasur ausmalen und sofort Tupfen hineinspritzen. Die Konturen der runden und ovalen Verzierungen mit weißer Konturenglasur nachzeichnen.

kekskunst

auf reisen

DER SCHWARZWALD, BRÜSSEL, PARIS, LONDON, MAILAND, HAMBURG ... ICH BIN SCHON VIEL HERUMGEKOMMEN. AN ALLE ORTE UND STÄDTE HABE ICH VIELE ERINNERUNGEN, VON DENEN ICH MICH IMMER WIEDER ZU NEUEN KEKSEN INSPIRIEREN LASSE.

sylt-kekse
urlaubsträume zum naschen

EIN SYLTER STERNEKOCH HAT MICH AUF DIE IDEE GEBRACHT, DIESE KEKSE ZU KREIEREN. FÜR DAS DESIGN HABE ICH MICH VON DEN PASTELLFARBEN DER INSEL INSPIRIEREN LASSEN.

Für ca. 25 Kekse

1 Rezept heller Mürbeteig (siehe Seite 14/15)

Ausstecher: Strandkorb, Möwe, Schaufel, Insel Sylt, Kreise in 2 Größen (ca. 6 und 2 cm Ø, für Rettungsringe), Surfbrett

Für die Dekoration

1 Rezept steife Glasur (siehe Seite 18/19)

Konturenfarbe: weiß

Ausfüllfarben: rot, hellblau, anthrazit, creme, weiß

6 – 8 Papierspritzbeutel

etwas brauner Zucker

Zeitbedarf
- ca. 1,5 Stunden dekorieren
- über Nacht trocknen

So geht's

Glasur: Die steife Glasur in 5 Schälchen verteilen und je einen Teil rot, hellblau, grau und creme einfärben. Einen Teil weiß lassen, 2 EL davon abnehmen und tröpfchenweise mit Wasser verdünnen, bis die gewünschte Konturenglasur-Konsistenz entstanden ist. Aus der übrigen weißen und allen anderen Glasuren Ausfüllglasuren herstellen, abdecken und erst kurz vor dem Gebrauch in Papierspritzbeutel füllen.

Strandkorb: Die Außenkonturen mit weißer Konturenglasur aufspritzen, 5 Minuten trocknen lassen. Den Korb bis auf die Armlehne mit weißer Ausfüllglasur ausfüllen und trocknen lassen. Die Armlehne mit grauer Ausfüllglasur ausmalen und die Details mit weißer Konturenglasur aufspritzen.

Möwe, Schaufel, Insel Sylt: Alle Kekse mit weißer Konturenglasur umranden, 5 Minuten trocknen lassen. Die Möwe mit weißer, die Schaufel mit hellblauer und die Insel mit cremefarbener Ausfüllglasur füllen. Auf die Insel etwas braunen Zucker streuen. Alle Kekse trocknen lassen. Mit einem kleinen Tupfen grauer Ausfüllglasur das Möwenauge aufspritzen.

Rettungsring: Die Außen- und Innenkonturen mit weißer Konturenglasur aufspritzen und die Ringe mit Querstreifen in 4 Flächen aufteilen. Jeweils 2 sich gegenüberliegende Flächen mit weißer Ausfüllglasur ausmalen, trocknen lassen, dann die restlichen Flächen mit roter Ausfüllglasur füllen.

Surfbrett: Mit weißer Konturenglasur umranden. Außerdem ein Muster aufspritzen, das das Brett längs in zwei Hälften teilt. Nach 5 Minuten eine Hälfte mit weißer Ausfüllglasur ausfüllen, trocknen lassen. Die andere Hälfte hellblau ausfüllen.

meerestier-kekse
einfach mal abtauchen

MIT DIESEN KEKSEN HABE ICH MEINE LIEBEN FREUNDE MARION UND DIETER ÜBERRASCHT. SIE FÜHREN IN HAMBURG EIN BEKANNTES TRADITIONELLES FISCHRESTAURANT.

Für ca. 8 Kekse

½ Rezept heller Mürbeteig mit Zitronenschale (siehe Seite 14/15)

Ausstecher: Muschel, Seepferd, Seestern, Tintenfisch, Qualle, Krebs, Hummer

Für die Dekoration

½ Rezept steife Glasur (siehe Seite 18/19)

Konturenfarben: grau, weiß

Ausfüllfarbe: weiß

2 Papierspritzbeutel

1 Spritzflasche

Zeitbedarf
• ca. 1 Stunde dekorieren
• über Nacht trocknen

So geht's

1. In 2 Schälchen je 2 EL steife Glasur füllen. Einen Teil grau einfärben, den andern Teil weiß lassen. Dann tropfenweise mit Wasser zu Konturenglasur verdünnen und jeweils in einen Papierspritzbeutel füllen.

2. Die restliche weiße steife Glasur tropfenweise mit Wasser verdünnen, bis die gewünschte Ausfüllglasur-Konsistenz erreicht ist. Die Glasur in eine Spritzflasche füllen.

3. Auf alle Kekse mit weißer Konturenglasur Außenkonturen aufspritzen, 5 Minuten trocknen lassen. Die Flächen innerhalb der Konturen gleichmäßig mit weißer Ausfüllglasur ausfüllen – Lücken mit einem Holzstäbchen schließen. Die Kekse über Nacht trocknen lassen.

4. Am nächsten Tag die graue Konturenglasur in einen Papierspritzbeutel füllen und die Details der Meerestiere mit grauer Konturenglasur auf die Kekse aufspritzen.

MEIN TIPP | ALLER ANFANG IST LEICHT Diese Kekse eignen sich sehr gut, um den Umgang mit den Eiweiß-Spritzglasuren zu üben. Denn diese Motive erhalten ihren ganz eigenen Charme, wenn die Verzierungen nicht ganz perfekt aufgespritzt werden.

wiesn-kekse
für bayern-fans

DIESE KEKSE SIND EIN ZÜNFTIGER GRUSS AUS DEM NORDEN AN MEINE FREUNDE IN MÜNCHEN UND ALLE OKTOBERFEST-LIEBHABER.

Für ca. 20 Kekse

1 Rezept heller Mürbeteig (siehe Seite 14/15)

Ausstecher: Bierkrug, Brezen, Herz, Dirndl, Dackel

Für die Dekoration

1 Rezept steife Glasur (siehe Seite 18/19)

Konturenfarben: anthrazit, braun, gelb, blau, rosa, weiß

Ausfüllfarben: braun, gelb, blau, rosa, weiß

10 – 12 Papierspritzbeutel

Zeitbedarf
• ca. 1,5 Stunden dekorieren
• 24 Stunden trocknen

So geht's

Glasur: In einem Schälchen 1 EL steife Glasur anthrazit einfärben. Die restliche Glasur auf 5 Schälchen verteilen und je einen Teil braun, gelb, blau und rosa einfärben, einen Teil weiß lassen. Alle Glasuren zu Konturenglasuren verdünnen. Von den Farben Braun, Gelb, Blau und Rosa 1 EL abnehmen und aus den übrigen Glasuren mit wenig Wasser Ausfüllglasuren herstellen. Die Glasuren abdecken und erst kurz vor dem Gebrauch in Papierspritzbeutel füllen.

Bierkrug: Die Schaumkrone mit weißer Glasur aufspritzen, ausfüllen und trocknen lassen. Das Glas mit gelber Glasur umranden und ausfüllen. Nach dem Trocknen mit weißer Konturenglasur Schaumverzierungen und Bierglasdetails aufspritzen.

Brezen: Die Außen- und Innenkonturen mit brauner Konturenglasur umranden, 5 Minuten trocknen lassen. Mit brauner Ausfüllglasur ausfüllen und trocknen lassen. Für das Salz mit weißer Konturenglasur kleine weiße Tupfen aufspritzen.

Herzen: Mit brauner Glasur umranden, ausfüllen und trocknen lassen. Für die Details die Herzen mit weißer und blauer Konturenglasur umranden, mit weißer Konturenglasur beschriften und mit rosafarbener Konturenglasur die Deko aufspritzen.

Dirndl: Mit blauer Glasur umranden, ausfüllen und trocknen lassen. Die Schürze mit rosafarbener Glasur aufzeichnen und ausfüllen. Nach dem Trocknen die Mieder- und Schürzendetails mit weißer und rosafarbener Konturenglasur aufspritzen.

Dackel: Mit brauner Konturenglasur umranden, trocknen lassen. Die Schnauze und weiße Brustzeichnung mit weißer Ausfüllglasur aufspritzen. Die restliche Fläche innerhalb der Konturen mit brauner Ausfüllglasur füllen, trocknen lassen. Das Deckchen mit blauer Glasur aufzeichnen und ausfüllen. Nach dem Trocknen die Details und Ohren mit anthrazitfarbener Konturenglasur aufspritzen.

kuckucksuhr
kekskunst für fortgeschrittene

FÜR DIESES BUCH WOLLTE ICH EIN THEMA KREIEREN, DAS MIT MEINER URSPRÜNGLICHEN HEIMAT ZU TUN HAT. DIE KUCKUCKSUHR IST DAFÜR PERFEKT, DA SIE DEN GANZEN SCHWARZWALD VEREINT.

Für 1 Keks

1 Rezept dunkler Mürbeteig
(siehe Seite 14/15)

Zahnstocher

Schablone: Kuckucksuhr
(siehe Seite 139)

Für die Dekoration

1 Rezept steife Glasur
(siehe Seite 18/19)

Konturenfarben: hellbraun,
dunkelbraun, rehbraun, hellgrau,
hautfarben, weiß

Ausfüllfarben: hellbraun,
rehbraun, blau, rot, rosa,
dunkelgrün, hellgrün, weiß

14 – 18 Papierspritzbeutel

Zeitbedarf
• ca. 2 Stunden dekorieren
• 24 Stunden trocknen

So geht's

1. Vor dem Backen mit einem Zahnstocher grob die verschiedenen, zu dekorierenden Flächen auf den Teig ritzen.

2. Aus der steifen Glasur jeweils 1 EL Konturenglasur in den Farben Hellbraun, Dunkelbraun, Rehbraun, Hellgrau, Hautfarben und Weiß herstellen. Zusätzlich jeweils 2 EL Ausfüllglasur in Hellbraun, Rehbraun und jeweils 1 EL in Blau, Rot, Rosa, Dunkelgrün, Hellgrün und Weiß anrühren. Alle Glasuren abdecken und erst kurz vor dem Gebrauch in Papierspritzbeutel füllen.

3. Die Umrisse des Hauses und die Linien für das Fachwerkmuster mit hellbrauner, die Fenster, die Uhr und die Bluse des Schwarzwaldmädels mit weißer Konturenglasur aufspritzen. Die Fenster- und Uhrflächen, den Pilzstiel und die Bluse mit weißer Ausfüllglasur ausfüllen, trocknen lassen.

4. Die Flächen des Hauses hellbraun und rehbraun ausfüllen – bei direkt nebeneinanderliegenden Flächen immer 30 Minuten warten, bis die Fläche daneben ausgefüllt wird.

5. Nach ca. 6 Stunden Trocknen das Muster des Fachwerks, die Ziffern und Zeiger der Uhr sowie die Umrisse des Kuckucks mit dunkelbrauner Konturenglasur einzeichnen. Mit rehbrauner Glasur das Reh aufspritzen und ausfüllen. Gardinen und Blütenstempel mit rosafarbener, Kuckuck, Blütenblätter und Rock des Schwarzwaldmädels mit blauer, Pilzhut, Blütenblätter, Hutbollen und Schürze mit roter und Tannen mit dunkelgrüner Ausfüllglasur aufspritzen. Hut, Mieder und Pantoffeln mit hellgrauer, Arme, Kopf und Beine mit hautfarbener Konturenglasur aufzeichnen.

6. Zum Schluss Schaukel und Seil mit hellbrauner, Gras und Blumenstiele mit hellgrüner und Tannenstämme sowie die Augen des Schwarzwaldmädels, Kuckucks und Rehs mit dunkelbrauner Konturenglasur aufspritzen. Details ergänzen.

berlin-kekse

großstadt-feeling

FÜR DIESE KEKSE HABE ICH DIE RUN-OUT-DEKOTECHNIK MIT
DER GESTALTUNG VON SKYLINE-WANDTATTOOS KOMBINIERT.

Für ca. 25 Kekse

1 Rezept heller Mürbeteig
(siehe Seite 14/15)

Ausstecher: Rechtecke in
verschiedenen Größen

Für die Dekoration

Schablonen: Berlinmotive
(siehe Seite 137)

½ Rezept steife Glasur
(siehe Seite 18/19)

Konturenfarben: gelb, orange,
hellgrau

Ausfüllfarben: gelb, orange,
hellgrau

6 – 8 Papierspritzbeutel

3 – 4 transparente Klarsichtfolien

Zeitbedarf
• ca. 2 Stunden dekorieren
• 1 ½ Tage trocknen

So geht's

1. Wer möchte, kann für die Berlin-Run-outs im Internet zusätzliche Berlinmotive (z. B. Berliner Bär, Gedächtniskirche) suchen und in der Größe der Kekse ausdrucken. Am besten eignen sich Motive mit klaren Silhouetten.

2. In 2 Schälchen je 2 EL steife Glasur füllen, einen Teil gelb und einen Teil orange einfärben. Die restliche steife Glasur hellgrau einfärben. Unter alle Farben tröpfchenweise Wasser rühren, bis die gewünschte Konturenglasur-Konsistenz erreicht ist. Jeweils 1 EL abnehmen und aus den übrigen Glasuren Ausfüllglasuren herstellen. Alle Glasuren abdecken und erst kurz vor dem Gebrauch in Spritzbeutel füllen.

3. Mit der gelben und orangen Glasur Run-outs der Berlinmotive herstellen [→a]. Am besten 1 Tag trocknen lassen.

4. Die Kekse mit hellgrauer Konturenglasur umranden, 5 Minuten trocknen lassen, dann mit hellgrauer Ausfüllglasur ausfüllen, über Nacht trocknen lassen.

5. Die trockenen Berlin-Run-outs ganz vorsichtig von der Folie lösen und mit wenig steifer Glasur auf die Kekse kleben. Run-outs mit Details aus gelber und orangefarbener Konturenglasur verzieren.

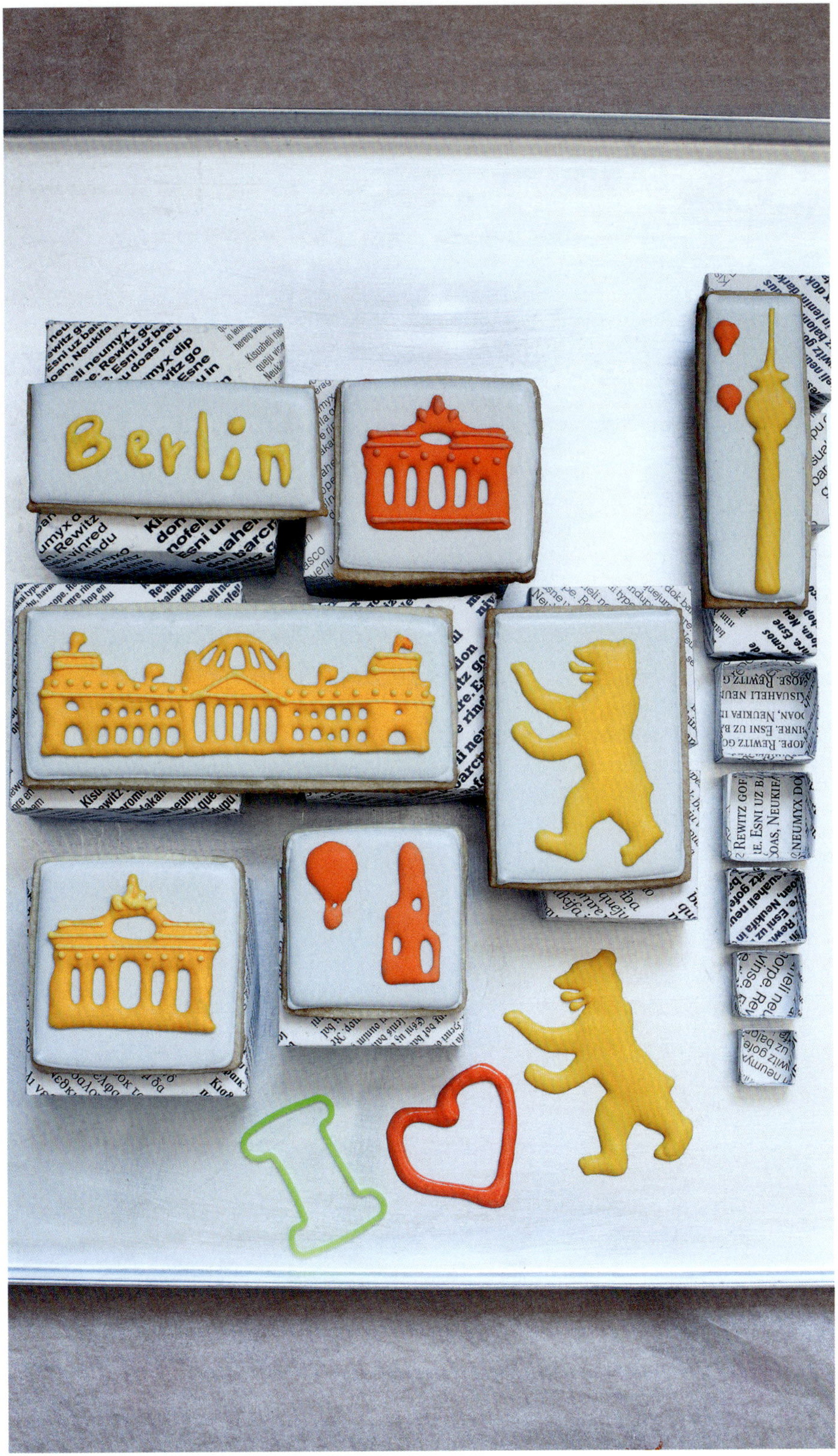

MEIN TIPP AUS DER BACKSTUBE

[a] RUN-OUTS HERSTELLEN Die Berlinmotive auf eine glatte Oberfläche legen und ein Stück transparente Klarsichtfolie darüberlegen. Die Umrisse der Sehenswürdigkeit mit gelber und orangefarbener Konturenglasur nachzeichnen, 5 Minuten trocknen lassen. Die Flächen innerhalb der Konturen mit der entsprechenden Ausfüllglasur ausfüllen.

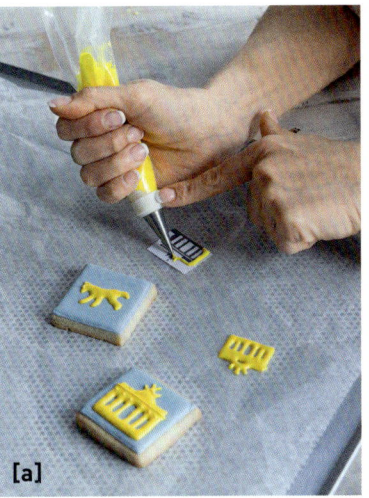

[a]

paris, je t'aime

meine zeit in paris

PARIS – DAS WAR NACH DEM ABITUR MEIN SPONTANER ENTSCHLUSS. UND SO STAND ICH NACH SECHS STUNDEN ZUGFAHRT MIT MEINEM ROTEN KOFFER BEGEISTERT UND BEEINDRUCKT IN DER STADT DER LIEBE.

MEINE INSPIRATION

Unterschiedliche Kulturen mit ihrer Tradition und Leidenschaft für gutes Essen und leckere Patisserien – das verbinde ich mit Paris. Wie oft habe ich die Schaufenster der Boulangerie „Chez Mireille" in der Rue Vielle du Temple bewundert, in denen sich die bunten Meringues nur so stapelten. Noch heute bin ich gerne in diesem Viertel unterwegs, wo man außergewöhnliches Gebäck mit ausgefallenen Zutaten finden kann.

FRANZÖSISCHE EINKAUFSKULT(O)UR

In meiner Pariser Zeit hatte ich die Möglichkeit, rege am französischen Familienleben teilzunehmen. Hierzu gehörte auch das Einkaufen. Ich muss immer noch lächeln, wenn ich an den Tag denke, an dem ich „den fünften Ziegenkäse von rechts" auf dem Markt einkaufen sollte. Nanu? Doch als ich auf dem Markt ankam,

wurde es mir klar: Es lagen über 20 verschiedene kleine Ziegenkäsetörtchen, geordnet nach Reifegrad, nebeneinander am Marktstand. Und ich verstand, das fünfte von rechts schmeckt ganz anders als das fünfte von links. Das beeindruckt mich bis heute und zeigte mir, wie bewusst und aufmerksam eingekauft wurde.

LIEBE ZUM DETAIL

Ich verbrachte ganze Sonntage essend und plaudernd im Kreise der französischen Familie. Zehn Gänge waren keine Seltenheit. In der Patisserien sahen die Törtchen, Macarons und Petits Fours nicht nur fantastisch aus, sondern verließen auch zauberhaft verpackt das Geschäft. Diese Liebe zum Detail hat es mir damals schon angetan und genau darum lege ich so viel Wert darauf bei meinen eigenen Keksen und Verpackungen.

paris-kekse
très charmants

IN DER STADT DER LIEBE HABE ICH VIEL ZEIT VERBRACHT.
UND IMMER WIEDER KEHRE ICH ZURÜCK, UM MICH FÜR NEUE
KEKSKREATIONEN INSPIRIEREN ZU LASSEN.

Für 7 – 10 Kekse

1 Rezept heller Mürbeteig
(siehe Seite 14/15)

Ausstecher: Schild

Für die Dekoration

½ Rezept steife Glasur
(siehe Seite 18/19)

Konturen- und Ausfüllglasur:
weiß

1 Papierspritzbeutel

1 Spritzflasche

1 blauer Lebensmittelstift

2 Zahnstocher

Lebensmittelfarbe: rot, blau

2 dünne Pinsel

Zeitbedarf
• ca. 2 Stunden dekorieren
• 24 Stunden trocknen

So geht's

1. Unter 1 EL steife Glasur tropfenweise Wasser rühren, bis die gewünschte Konturenglasur-Konsistenz erreicht ist. Die Glasur in einen Papierspritzbeutel füllen und auf alle Kekse Außenkonturen aufspritzen, 5 Minuten trocknen lassen.

2. Die restliche Glasur mit etwas Wasser zu einer Ausfüllglasur verdünnen, in eine Spritzflasche füllen und die Fläche innerhalb der Konturen gleichmäßig ausfüllen – Lücken zwischen der Kontur und der Glasur mit einem Holzstäbchen schließen, 24 Stunden trocknen lassen.

3. Mit einem blauen, dünnen Lebensmittelstift einen Rahmen und typische Parismotive auf die Kekse zeichnen. Auf 2 kleine Unterteller mit einem Zahnstocher jeweils ganz wenig rote und blaue Lebensmittelfarbe geben. Jede Farben und ein paar Tropfen Wasser mit einem Pinsel mischen und die Motive damit ausmalen.

matroschka-kekse

grüße aus moskau

VOR EINIGER ZEIT HATTE ICH DEN AUFTRAG, FÜR EIN GROSSES RUSSISCHES GEBURTSTAGSFEST LANDESTYPISCHE KEKSE ZU ENTWERFEN. DIE GÄSTE WAREN VON DEN FARBENFROHEN MATROSCHKAS BEGEISTERT.

Für ca. 18 Kekse

1 Rezept heller Mürbeteig
(siehe Seite 14/15)

Schablonen: Matroschkas in
3 verschiedenen Größen
(siehe Seite 137)

Für die Dekoration

Puderzucker zum Ausrollen

je ca. 200 g grüner, roter und
rosafarbener Rollfondant

2 EL Aprikosengelee

Pinsel

ca. 18 Esspapier-Gesichter in
3 verschiedenen Größen (im Internet erhältlich, siehe Seite 142)

kleine Blütenausstecher für
Mini-Blüten

3 EL steife Glasur
(siehe Seite 18/19)

1 Papierspritzbeutel

Zeitbedarf
• ca. 2 Stunden dekorieren
• über Nacht trocknen

So geht's

1. Die Matroschka-Schablonen, die zum Backen der Kekse verwendet wurden, quer mit einem gebogenen Schnitt halbieren. Etwas Puderzucker dünn auf eine Arbeitsfläche stäuben und den roten, grünen und rosafarbenen Rollfondant ca. 3 mm dick ausrollen. Für 1 Matroschka-Keks mit den Schablonenhälften z. B. ein rotes Unterteil und ein grünes Oberteil mit einem kleinen Küchenmesser entlang der Schablonenkontur aus dem Rollfondant ausschneiden. Für alle anderen Kekse nach dem gleichen Prinzip Ober- und Unterteile aus Rollfondant ausschneiden.

2. Das Aprikosengelee erwärmen und mit einem Pinsel sehr dünn auf die Kekse pinseln. Jeweils ein Unterteil und ein Oberteil derselben Schablonengröße in unterschiedlichen Farben wie ein Puzzle auf einem Keks zusammensetzen. Dann ein Esspapier-Gesicht mit etwas Aprikosengelee auf den Keks kleben.

3. Aus dem Rollfondant Mini-Blüten ausstechen und mit einem Tupfen Eiweiß-Spritzglasur neben den Gesichtern der Matroschkas befestigen.

4. Die steife Glasur tropfenweise mit Wasser zu Konturenglasur verdünnen, in einen Papierspritzbeutel füllen und Verzierungen auf die Matroschka-Kekse spritzen.

MEIN TIPP | GESICHTER Wenn Sie keine Gesichter aus Esspapier im Internet bestellen möchten, können Sie auch Kreise aus weißem Rollfondant ausstechen, mit Aprikosengelee auf die Kekse kleben und mit einem schwarzen, dünnen Lebensmittelstift Gesichter aufzeichnen.

kimono-kekse
japanische kekskultur

KIMONOS HABEN MICH SCHON IMMER FASZINIERT. SIE WAREN THEMA
MEINER DIPLOMARBEIT UND SIND MIR SOFORT IN DEN SINN GEKOMMEN,
ALS ICH DIESES WUNDERSCHÖNE ESSPAPIER ENTDECKT HABE.

Für ca. 15 Kekse

1 Rezept heller Mürbeteig
(siehe Seite 14/15)

Schablone: Kimono
(siehe Seite 137)

Für die Dekoration

Puderzucker zum Ausrollen

ca. 450 g weißer Rollfondant

4 DIN-A4-Blätter bedrucktes
Esspapier (z. B. mit japanischen
Mustern; im Internet erhältlich,
siehe Seite 142)

2 EL Aprikosengelee

Pinsel

Zeitbedarf
• ca. 2 Stunden dekorieren
• über Nacht trocknen

So geht's

1. Etwas Puderzucker dünn auf eine Arbeitsfläche stäuben und den
Rollfondant ca. 3 mm dick ausrollen. Mit der Kimono-Schablone
zu jedem Keks einen Kimono aus Fondant ausschneiden.

2. Das Esspapier aus der Verpackung nehmen und zu jedem Keks
einen entsprechenden Kimono aus Esspapier ausschneiden.
Die Zuschnitte ca. 20 Minuten antrocknen lassen. Inzwischen
das Aprikosengelee erwärmen, sehr dünn auf die vollständig
ausgekühlten Kekse streichen und jeweils einen Fondant-Kimono
exakt darauflegen.

3. Den Fondant auf den Keksen mit einem Pinsel mit ganz wenig
Wasser leicht anfeuchten. Dann sofort einen Kimono aus Esspapier darauf platzieren, mit den Fingerkuppen vorsichtig flach
drücken und entstandene Luftblasen vorsichtig glatt streichen.
Kimono-Kekse über Nacht trocknen lassen. Falls sich die Ränder
des Esspapiers beim Trocknen nach oben wölben, diese mithilfe
der Fingerkuppen mit leichtem Druck, aber vorsichtig wieder andrücken und glatt streichen.

natürlich

und schlicht

DIE BUNTEN KEKSKREATIONEN SPRECHEN FÜR SICH,
DA DARF DIE VERPACKUNG RUHIG AUCH MAL ETWAS
SCHLICHTER SEIN UND SOGAR WIEDERVERWERTET.

RECYCLING

Um Kekse hübsch einzupacken, sammle ich
das ganze Jahr hindurch leere Kartons, Schachteln, Becher, Dosen, Bänder und auch schöne
Pappkartonreste, die man normalerweise nach
Gebrauch einfach achtlos wegwirft. Dabei
kann man all diese Dinge mit etwas Fantasie
noch einmal verwenden und mit wenig Aufwand hübsche Verpackungen daraus machen.
Achten Sie mal darauf, was Sie so alles wegwerfen, Sie werden sicher ein paar Schätze darunter finden.

PACKPAPIER UND ZELLOPHAN

Einfaches Packpapier ist ein schlichtes aber
kreatives Verpackungsmaterial. Ganz schnell
kann man daraus Tütchen in unterschiedlichen
Größen falten. Wenn ich etwas mehr Zeit
habe, schneide ich noch ein Sichtfenster hinein,
das ich von innen mit Zellophanpapier beklebe
– fertig ist eine schöne Geschenkverpackung.
Mir gefällt die zurückhaltende Farbe des Packpapiers, da man es sowohl mit knalligen als
auch mit dezenten Farben kombinieren kann.

STEMPELN UND STANZEN

Die Struktur des Packpapiers lässt es auch zu,
dass man gut darauf schreiben kann. Mit den
Namen des Beschenkten beschriften – fertig.
Auch total im Trend: Stempel. Im Handumdrehen kann man so mit Motiven oder Buchstaben die Verpackung individuell gestalten.
Aus dünnen farbigen Kartonresten können
Sie zusätzlich mit einem Etikettenstanzer
Geschenkanhänger basteln, die der Verpackung eine weitere persönliche Note geben.

BÄNDER, SCHNUR UND MASKING TAPE

Meine Recycling-Verpackungen verschönere
ich gerne mit allen möglichen Bändern und
Schnüren. Vor allem zurückhaltende Farbtöne
und natürliche Materialien gefallen mir gut
dazu. Es darf also auch mal nur eine Paketschnur sein, mit der ich ein Etikett an einer
wiederverwerteten Schachtel befestige. Und
auch Masking Tape ist eine tolle Sache, um
Verpackungen nicht nur zu verschließen, sondern ganz schnell und einfach zu verschönern.

fröhlich
und bunt

JE NACH ANLASS UND INHALT WILL ICH ES MANCHMAL
AUCH RICHTIG BUNT UND PEPPIG HABEN. DANN GREIFE
ICH ZU KNALLIGEN FARBEN UND WITZIGEN MATERIALIEN.

SPIEL MIT FARBEN

Kräftige Farbtöne lassen aus einem Geschenk
einen richtigen Hingucker werden. Schön
finde ich es, wenn man dabei nicht allzu sehr
mischt, sondern in einer Farbfamilie bleibt –
wie hier gezeigt zum Beispiel in Rot- und
Rosatönen.

GETRÄNKE-BECHER UND DOSEN

Die durchsichtigen Getränke-Becher mit ihren
hochgewölbten Deckeln haben es mir angetan.
Sie haben eine witzige Form, man sieht gleich
was drin ist und der passende Deckel ist auch
schon dabei. Schleife drum, Etikett dran –
fertig zum Verschenken. Die Getränke-Becher
bekommt man inzwischen ganz einfach im
Internet, aber auch andere Kunststoffbecher
in bunten Farben kann man als Keksverpa-
ckung vor allem für kleinere Kekse verwenden.
Aber auch bei Blechdosen mit durchsichtigem
Deckel kann man durch die Verpackung hindurch schon mal einen Blick auf den Inhalt
werfen – und der ist bei dekorierten Keksen ja
schon ein echter Hingucker.

TORTENSPITZE UND MUFFIN-FÖRMCHEN

Tortenspitze ist ein sehr verspieltes, romanti-
sches Verpackungsmaterial, mit dem man
Keksdosen und -schachteln auslegen kann.
Schon sieht das Ganze richtig edel aus. Es gibt
Spitzen in unterschiedlichen Größen, Formen
und Farben. Sie können sie als Etikett verwenden oder einfach als Deko auf die Verpackung
aufkleben. Auch Muffinförmchen und -schür-
zen gibt es inzwischen in so vielen Farben und
Variationen, dass der Verpackungsfantasie
kaum Grenzen gesetzt sind.

BÄNDER UND BORDÜREN

Bunte Bänder gehören für mich einfach zu
einer fröhlich-bunten Verpackung dazu. Ob
Ton in Ton oder mal in einer Kontrastfarbe –
da kann man immer wieder neu variieren.
Schön finde ich auch eine Bordüre, die man
rund um die Verpackung legt. Verwenden Sie
dafür zum Beispiel den Rand einer großen Tortenspitze. Es gibt aber auch Bordürenstanzer,
mit denen Sie aus buntem Papier oder Karton
passende Bordüren für die Keksverpackungen
ausstanzen können.

schablonen
für ganz besondere Kekse

DIE WUNSCHMOTIVE 1:1 KOPIEREN UND AUF DÜNNEN
PAPPKARTON ÜBERTRAGEN. DIE SCHABLONEN AUS-
SCHNEIDEN UND DIREKT AUF DEN MÜRBETEIG LEGEN.

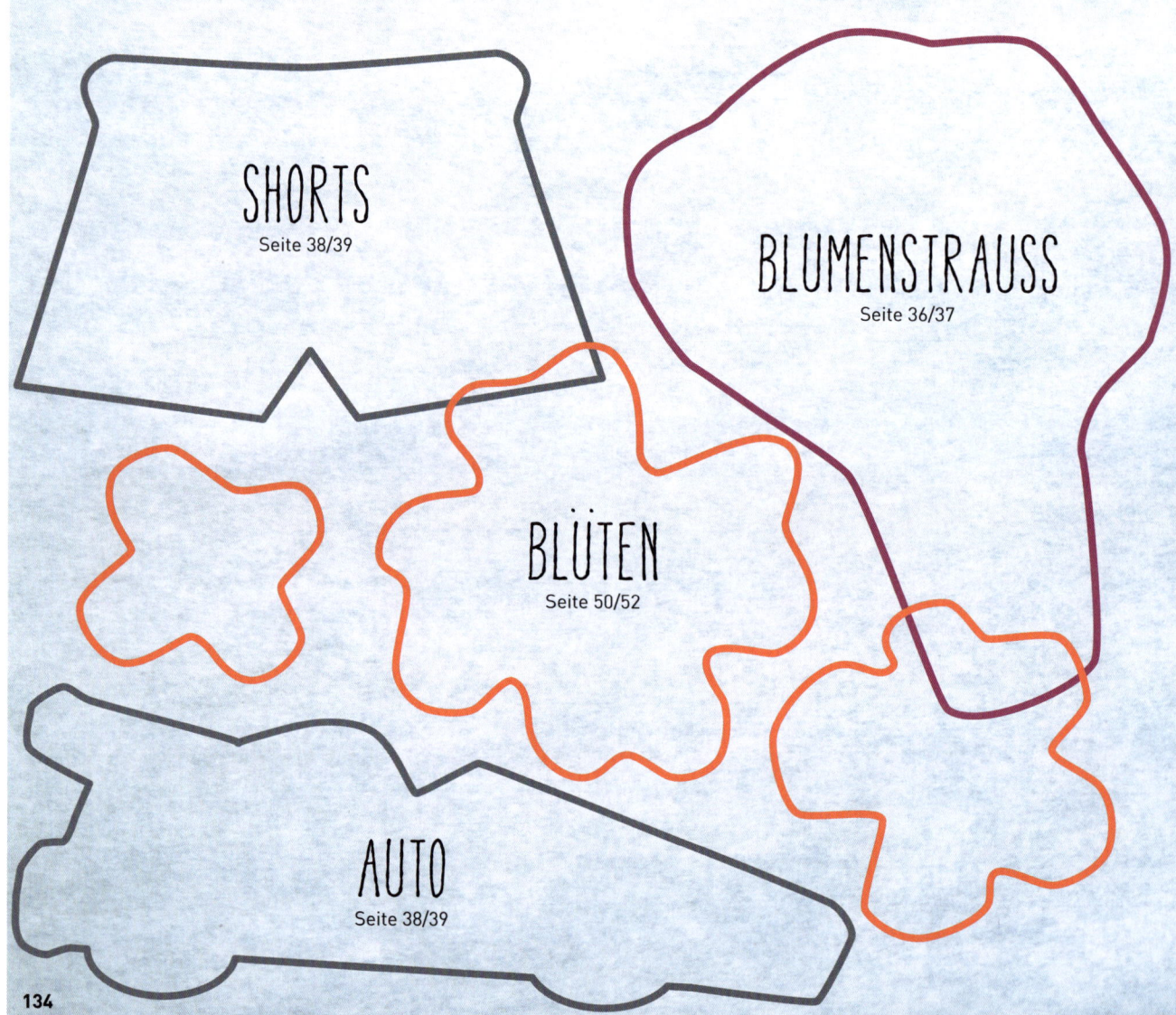

SHORTS
Seite 38/39

BLUMENSTRAUSS
Seite 36/37

BLÜTEN
Seite 50/52

AUTO
Seite 38/39

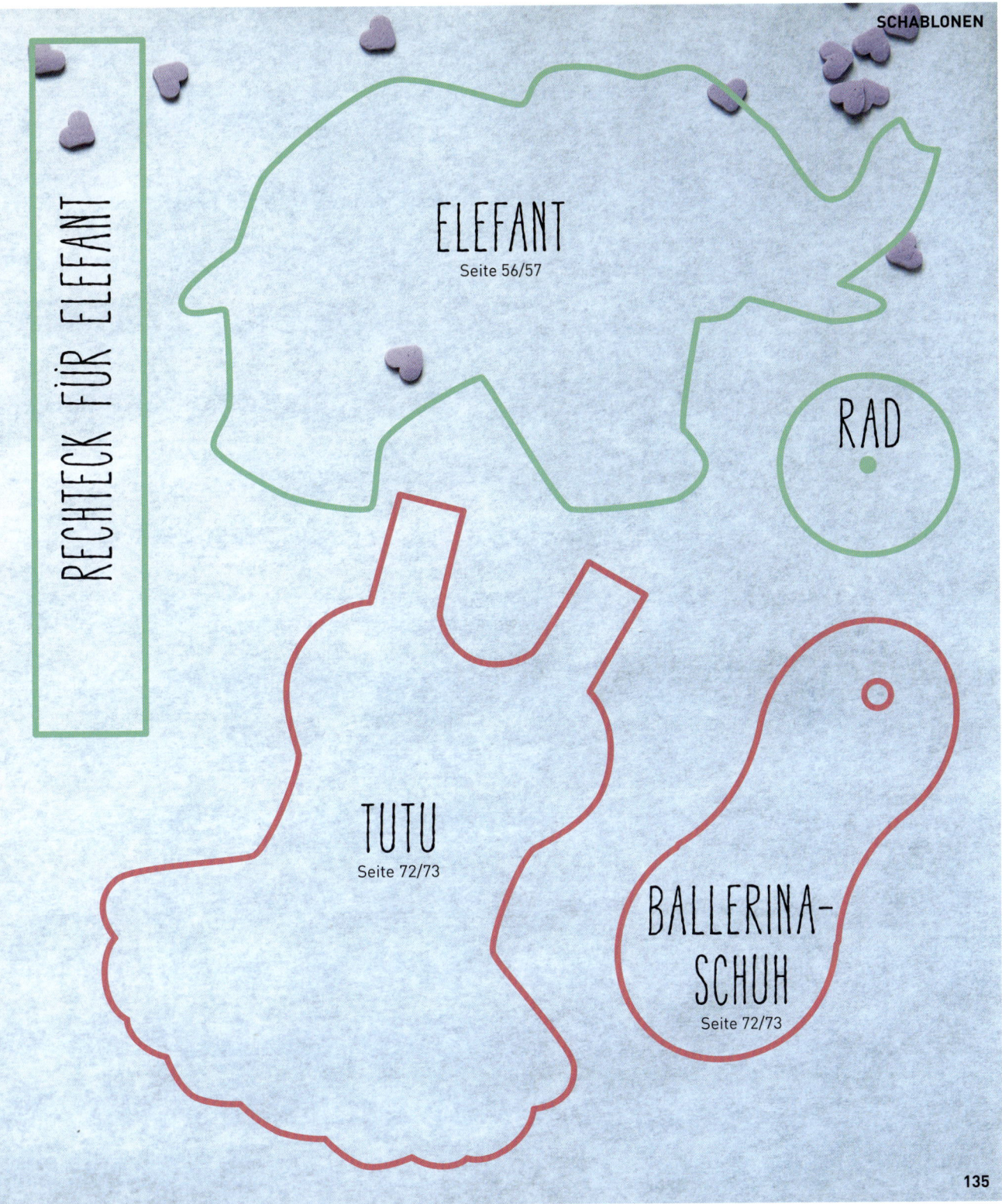

RECHTECK FÜR ELEFANT

ELEFANT
Seite 56/57

RAD

TUTU
Seite 72/73

BALLERINA-
SCHUH
Seite 72/73

MAKE-UP
Seite 74/75

LIPPENSTIFT
Seite 74/75

MASKARA
Seite 74/75

WAFFELEIS
Seite 82/83

BH UND HÖSCHEN
Seite 76/77

BERLIN
Seite 120/121

MATROSCHKAS
Seite 126/127

KIMONO
Seite 128/129

SPIEGEL
Seite 102/103

SCHRANK
Seite 102/103

SOFA
Seite 102/103

KUCKUCKSUHR

Seite 118/119

Auf 140% vergrößern!

LAMPE

Seite 102/103

register

motive von a bis z

herzlichen dank

Ich möchte mich von Herzen bei einigen Menschen bedanken, die mich bei der Verwirklichung meines ersten Buches unterstützt haben. Großer Dank geht an den Kosmos Verlag, besonders an meine Lektorin Stephanie Schönemann für ihre professionelle Begleitung bei der Erstellung dieses Buches, an Frau Dr. Eckstein, die sich als Erste von meiner Idee für das Buch „Kekskunst" begeistern ließ, und schließlich an Frau Römer, die sich immer wieder mit vollem Engagement für das Projekt eingesetzt hat.

Mirjam Fruscella möchte ich danken, die es immer wieder geschafft hat, mich mit ihren tollen Stylingideen und Fotos zu überraschen und zu begeistern. Danke an meine großartigen Freunde Sandra, Marion, Janet und Nicole, die mich, wann immer es ging, unterstützt haben und auch Verständnis dafür hatten, dass ich während der intensiven Monate, in denen ich an dem Buch gearbeitet habe, so wenig Zeit für sie hatte.

Der größte Dank geht an meinen Helden Sören, den tollsten Mann, den man haben kann: Für das selbstlose Schleppen von Puderzucker- und Mehlsäcken, für das Verständnis für die durchbackenen Nächte und Wochenenden, damit ich meine Ideen und Träume umsetzen konnte.

Meinen Söhnen Henk und Henri danke ich für das leidenschaftliche Vernaschen von Probekeksen und ihre ehrliche Kritik an Kindermotivkeksen.

bezugsquellen

Besuchen Sie mich auf meinem Online-Shop **www.henkundhenri.de**. Dort finden Sie neben meiner gesamten Kekskollektion viele außergewöhnliche Keksausstecher wie den Moustache, die Schilder, den Elefant für den Aufsteller und viele weitere Motive die ich in diesem Buch verwendet habe wie z.B. zu den Themen Geburtstag, Baby, Hochzeit und Weihnachten. Außerdem biete ich auch Zuckerrosen und feine Keksschokolade „Schookielade" zum Verschenken an.

Oder schauen Sie im gut sortierten Haushaltsfachgeschäft nach Ausstechern von RBV Birkmann z.B. zu den Themen Halloween, Ostern, Fußball, Einschulung und Bauernhof. Passend zum Buch gibt es von RBV Birkmann außerdem ein Teatime-Ausstecher-Set, Geschenkschachteln für Kekse und viele weitere Helfer für die Keksdekoration: Lebensmittelfarbe, Cake Melts, Lebensmittelstifte, Glanzpuder, Fondant, Lollisticks, Strukturmatten, Spritzbeutel, Spritzflaschen und Tüllen. Weiter Infos finden Sie auch unter **www.birkmann.de**

Und besondere Dekomaterialien?
Drucke auf Esspapier, Seite 28/29, 44/45, 126/127, 128/129: www.essbare-worte.de. Dort können Sie Esspapier nach eigenen Vorlagen und Designs bedrucken lassen.
Blumen und Schmetterlinge aus Reispapier, Seite 48/49: www.dawanda.de
Cameo-Silikonform, Seite 58/59:
www.firstimpressionsmolds.com
Zu guter Letzt würde ich mich natürlich freuen, wenn Sie mich auf Facebook unter **www.facebook.com/HenkundHenri** besuchen.

Ihre Nadja Bruhn

gemeinsam geniessen

Patrick Ulmer • Moritz Weeger
Tee
144 Seiten, 100 Abbildungen, €/D 14,99

Tee rockt! Das spüren die beiden Berliner Autoren
Patrick und Moritz ganz genau! Sie sind zwei von
fünf Gründern der Teemanufaktur „5 Cups and some
sugar". Alle fünf Jungs sind die größten Fans des
Popstars Tee und haben ein Ziel: Dir zu zeigen, was in
ihm steckt. Mit vielen Rezepten für kreative Tee-
mischungen, erfrischende Eistees und noch nie da
gewesene Tee-Cocktails und Longdrinks.

Dagmar Reichel
Kaffeeklatsch
144 Seiten, 138 Abbildungen, €/D 14,95

Das Buch lädt dazu ein, den Kaffeeklatsch so richtig
gekonnt zu zelebrieren. Liebevolle Ideen für schön
gestaltete Einladungen, stilvolle Tischdekorationen
und ein stimmungsvolles Ambiente. Geliebte
Kuchenklassiker und moderne Trends wie Cake-
Pops und Whoopies werden Ihre Gäste begeistern.

WIR ❤ KOCHEN

akteure

impressum

Nadja Bruhn ist Deutschlands erste Keksdesignerin. Sie arbeitete zunächst erfolgreich als Modedesignerin, bis sie sich, angetrieben durch ihre große Leidenschaft fürs Backen und ihren Spürsinn für Trends, mit ihrer eigenen Keksmanufaktur „Henk und Henri" selbstständig machte. Ihre Fangemeinde wächst stetig, denn ihre Kreativität und ihr Anspruch an beste Qualität wissen immer mehr Kunden aus dem In- und Ausland zu schätzen. Zahlreiche Presseveröffentlichungen und Fernsehreportagen berichten über den Erfolg der Keksdesignerin, die ihre Wurzeln im Badischen hat. Heute arbeitet und lebt sie mit ihren beiden Söhnen Henk und Henri in Hamburg.

Mirjam Fruscella arbeitet als Still-Life-Fotografin mit dem Schwerpunkt Interior & Design. Ihre Fotos erscheinen in internationalen und nationalen Wohn- und Einrichtungsmagazinen. Immer wieder verbindet sie ihre Leidenschaft für Fotografie mit ihrer Liebe zu gutem Essen und rückt auch kulinarische Themen gekonnt ins richtige Licht. Für „Kekskunst zum Selbermachen" hat sie sich außerdem das Styling und die Deko ausgedacht, um die Kekse besonders originell und verführerisch zu inszenieren.

Mit 100 Farbfotos von Mirjam Fruscella

Umschlaggestaltung von Gramisci Editorialdesign, München, unter Verwendung zweier Fotos von Mirjam Fruscella.

Rezepte, Geling-Tipps, Infos zum KOSMOS-Kochbuch-Programm und vieles mehr unter **kosmos.de/kochen**

Unser gesamtes lieferbares Programm und viele weitere Informationen zu unseren Büchern, Spielen, Experimentierkästen, DVDs, Autoren und Aktivitäten finden Sie unter **kosmos.de**

Gedruckt auf chlorfrei gebleichtem Papier

ISBN 978-3-440-14323-0
Projektleitung: Stephanie Schönemann
Lektorat: Stephanie Schönemann, Claudia Salata
Gestaltungskonzept und Layout:
Gramisci Editorialdesign, München
Satz: Cordula Schaaf, Grafik-Design, München
Produktion: Eva Schmidt
Printed in Germany / Imprimé en Allemagne